图文科普大检阅——

探寻消失的文明

（第2版）

许锴鸿　编

黄河水利出版社
·郑州·

图书在版编目(CIP)数据

探寻消失的文明/许锴鸿编.—2版.—郑州:黄河水利出版社,2020.5
(图文科普大检阅)
ISBN 978-7-5509-2659-2

Ⅰ.①探… Ⅱ.①许… Ⅲ.①世界史—文化史—青少年读物 Ⅳ.①K103-49

中国版本图书馆CIP数据核字(2020)第080304号

出版发行:黄河水利出版社
社 址:河南省郑州市顺河路黄委会综合楼14层
电 话:0371-66026940 邮政编码:450003
网 址:http://www.yrcp.com

印 刷:三河市人民印务有限公司
开 本:787mm×1092mm 1/16
印 张:8
字 数:106千字
版 次:2020年5月第2版 2021年8月第2次印刷
定 价:39.90元

目 录

人类起源探索

在荒芜贫瘠的埃塞俄比亚和肯尼亚,保存着我们所知最早的人类近亲的化石,那就是更新纪灵长类动物。从古迹中发现了受到侵蚀的牙齿、颅骨的碎片,偶尔还有腿与肱骨的碎片。它们的历史,可以追溯到大约450万年前。这些化石被细致地挖掘与拼接好以后,展现在我们眼前的是一幅猿的图画——就像我们的祖先,大约1米高,大脑约450立方厘米,与黑猩猩的大脑一样大。它们有时用两条腿走路,长着巨大的牙齿,用于咀嚼果实和植物的茎,而且进食大量的植物。

在埃塞俄比亚的奥姆河盆地,还发现了一个颅骨化石,它起码可以回溯到13万年以前。这个颅骨里具有大约1400立方厘米的大脑——与今天人类的大脑不相上下。这个化石被普遍认为是迄今为止所发现的第一个现代人类,即智人,它很可能与我们一样具有语言能力及和我们今天一样的符号表达能力。我们所找到的几根骨头显示:它完全是直立行走的。我们究竟是怎样从450万年前像猿一样的祖先进化而来,直到拥有现在的身材、骨骼、智力与文化,这仍然是一个谜。

在某一方面这谜底格外简单,即这是生物的进化。正如其他物种在物竞天择的导向力下衍变一样,人类亦不例外。偶然发生的遗传突变,使某一物种比其他物种更占优势。比如更熟练于制造工具、解决寻找食物的问题或者两条腿行走。这在这个物种群体中已经成为固定模式,并逐渐地改变了骨骼、行为与智力,成了我们今天这个样子。生物学进化的过程解答了人类起源之谜,正如查尔斯·达尔文原来解释的那样。但是,这并不是我们大多数人所期望的那种答案。我们需要对这个谜底进行更加详细的解答,告诉我们什么时候和为什么这个物种的骨骼、行为与智力发生了具体的变化。

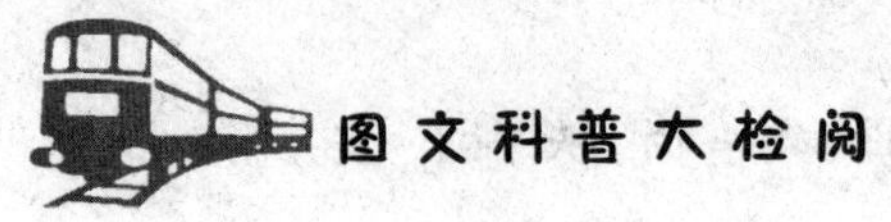

这类解答要比其他解答困难得多，需要一大批不同专业的科学家来研究为数不多的化石碎片样品。事实上，那些化石提供的仅仅是证据的数个来源之一。关于历史上的人类行为，骨骼能提供一些线索。而其他的证据来自于我们祖先留下的石器、废弃的食品、生火的地方以及其他残余物料，这就是考古学家所要研究的范围。同样，要了解我们祖先所生活的环境，就需要地质学家与生态学家一起来研究。要利用多种多样的科学方法来确定文物的日期，并从残留物中找出尽可能多的信息，而物理学家与化学家在研究人类起源中便起着举足轻重的作用。此外，必须研究的不只是历史证据。了解当代人类基因的多样性，对确定人类进化发生的最初阶段的时间和地点十分重要——人类系谱的趋异与黑猩猩系谱的大相径庭——同时，还要了解现代人类进化的最后阶段是在何时。

几十年来，化石的发现与考古得来的证据，使得人类的起源变得更加扑朔迷离，但也更加有趣。我们曾经认为，人类的进化就像一架梯子，单个物种发展成另一个物种，然后按顺序进化逐渐变成与我们今天差不多的这个样子。但是新的发现表明情况并非如此，人类进化更像是一丛长有许多不同分支的丛生灌木，我们每一支的祖先与近亲都向稍稍不同的方向发展。除一支以外，其他所有的分支都被证明是进入了进化的死胡同。因此，我们很难识别哪些物种是祖先，而哪些物种是其后代，我们拥有的化石样品究竟又代表了多少物种。

我们认识到，现代人类所拥有的一揽子行为与骨骼特征的要素，未必都会共同发展——许多特点在那些已经灭绝的物种身上也有，例如用两条腿行走，几种更新纪灵长动物也采用同样的办法，它们可能也能制造石头工具——那曾经是被认为只属于人类的特性。在人类进化的后期阶段，穴居人的大脑容积与我们的一样大，它们猎获大型野生动物，可能还有复杂的语言，但是它们也钻进了进化的死胡同。

化石的发现使我们摆脱了过分简单化的概念，那就是进化过程是一架

梯子。我们现在更多地注意人类祖先与近亲的行为生态,以及他们逐渐承受的因变化带来的选择的压力。这些压力,经常是起因于过去几百万年间的巨大的环境变化,它使得猿人的不同物种之间相互学习、取长补短、相互促进。例如:改为惯常性的双足行走,不断增加肉食量,大脑容积增加到约900立方厘米,以及熟练掌握石器制作技能,所有这些,在大约150万年前的匠人种群里就已经形成。

猿人改为完全双足直立行走,似乎发生在200万年前。那是由于非洲赤道地区降雨量严重减少,猿人只好迁往大草原。

通过采用直立姿势,我们的祖先减少了它们身体对太阳辐射的承受量,并且可以保持身体中部和下部的温度。因此,当其他动物还在树阴下休息之时,猿人则还能够猎获它们。住在更加开放的环境里,也可能给我们的祖先施加了压力,逼迫它们在更大的社会群体里生活,这样就可以免受食肉动物的侵害。人们认为,由于猿人要应付大量的社会关系,所以最费脑筋的事情,即生存,迫使猿人不得不增加大脑的体积。而脑体积的增加,如果没有高质量的食物,如肉类,那是不可能的。肉食使肠子的长度缩短,这样新陈代谢的能量得以释放出来供应给人脑。食肉也使得猿人有可能通过利用锐石制工具切割开动物的尸体,并有可能在狮子和鬣狗趴在阴凉处休息之时,前去抓获它们。

随着大脑的扩大,猿人变得聪明起来,可以制作更多而且好用的工具,筹划搜寻食物的路线,并使它们生活在不断扩大的社会群体里。正是制作工具、筹划路线这些不同信息之间的交流和反馈,对于匠人的出现非常重要。匠人是人类进化中至关重要的物种,很可能就是我们的祖先,也就是尼安德特穴居人的祖先。

大约200万年前的进化发展的例子显示:关于人类起源之谜,不是简单地找到全部的零碎东西就可以解决,也不仅仅是把它们按照正确顺序拼凑起来就行,而是要了解它们之间的相互关系。对于进化彻底的现代人类最后是如何出现的这个谜，也应该运用上面的理论去解决。这里我们的东西包括了化石样品，比如从奥姆河盆地出土的那个颅骨。它说明了一个事实：虽然我们天涯海角各居一方，生活方式也千差万别，但是全世界的人的基因都非常相似。当然，我们与其他人类物种的各个类别都不同，并且，今天也没有其他任何人类的物种生存于世。但这最后的事实与直到2.8万年前的整个人类的进化不相符合，在那以前，不同的人类物种在同一时期里共同存在于我们这颗行星之上。

如何解开这个谜题的谜底已经引起了大家激烈的争论，特别是关于现代人是如何在非洲进化并且扩展到全世界的。在20世纪的大部分时间里，许多人类学家相信，古人类从非洲向全球扩散，是发生在200万年前以后的事情。他们认为，智人的单一物种是从旧世界不同的祖先物种发展而来的，即从欧洲的尼安德特穴居人以及亚洲的直立人发展而来。这就是广为人知的"地区性延续"的模式。今天，大多数人类学家、遗传学家和考古学家一致认为：在大约13万年前的东非，开始进化出现现代人类。很可能是在特别恶劣的环境阶段，周围的一切对人体的组织结构产生了一定的压力；而最重要的是，现代人类在认识力方面也产生了变化。同时，人类人口的数字在那时候也似乎开始降到一万。所以，我们可能很容易灭绝，并且把世界留给欧洲的尼安德特穴居人和亚洲的直立人。但是我们终于继续生存了下来，并在10万和5万年前之间从非洲疏散。在经历了一系列复杂的分化之后，最后遍布全世界，并且将其他人类物种推至绝境，我们怎么会这样，则是石器时代的另外一大奥秘。

人类进化探寻

达尔文在著名的《物种进化论》中提出这样一个论点:一切物种都是在进化中求生存,人是由猴子进化而来的。那么,为什么猴子并没有都变成人或与人接近?为什么世界上的人种分成了3种截然不同的外观肤色呢?

从体质人类学来看,白人与黑人很相似,而黄种人与他们不同。从这个角度来考虑,黄种人与白人或黑人的分化从很古远的时代就开始了。

英国生物学家赫胥黎的发现表明,人与高级猿类之间有一个缺环,就是说,从高级猿向人过渡中缺少有力的证据。近代日本人类学家认为,在猿与人之间应该有一种"类猿人"的过渡阶段。

在6400万年前,曾在地球上大量繁殖、横行一时的恐龙突然灭绝,可据考证,在同一时期的猿类却没有消失。这就让人产生一个疑问:是谁对恐龙斩尽杀绝,而对猿类则手下留情呢?答案似乎只有一个:有"人"要这么做。可这个"人"是谁呢?为什么要这样做?

有人认为,当年有一批外星人来地球考察,不幸的是,他们的宇航器损坏了,而无法再离开地球,他们便将能威胁他们生命的恐龙逐一杀掉,然后在多种动物身上作人工授精试验,并对这些动物产下的后代进行观察、对比,直至选留出几种他们较为满意的后代再进行优化。黑种人是外星人与黑猩猩产生的后代;黄种人是外星人与猴子产生的后代;白种人是外星人与一种高大白巨猿产生的后代。

在此基础上,便有了人类起源的"外星说"。

"外星说"即"人类的始祖来自外星球",是一位来自北大西洋公约组织的科学家马莱斯提出的见解。他认为,大约在几亿年前,一批有着高度智慧和科技知识的外星人来到了地球。他们没携带充足设施来应付地球的地心吸引力,一时间无法走脱,所以便改变初衷,试图制造一种新的人种。

这种新人种是由外星人跟地球猿人的结合而产生的。当时地球十分原始，最高等的生物只是猿人，也未发现火种。外星人选择具有高智力和精力充沛的雌性猿人作为对象，设法使她们受孕，结果便产生了今天的人类。

马莱斯提出了证明，他对在圣地亚哥发现的一个5万年前的头骨的研究结果表明，其智慧远远高于今天的人类，从而推断，他就是当时来到地球的外星人之一。马莱斯认为目前唯一的问题是：找到他们来自哪个星球。他指出，安第斯山脉的巨型图案，有可能是外太空船降落地球的基地。

最后，马莱斯下结论说，现代人只是由外星高级生命和地球的猿类相结合而生的。当然，要在这方面进一步深入研究，有待于各学科专家的通力合作。这里联系神话中的"处女生殖"现象进行探讨。在各民族早期的英雄神话中，英雄或者圣人常常表现为处女所生，这是一个比较普遍的现象。就中国古代神话来看，这方面的材料也不少。如《太平御览》中保存有一种古老的传说，书中记载了禹的母亲"见流星贯昴，梦接意感"，尔后"吞神珠"生下了禹。关于黄帝的记载也是如此，《初学记》说，黄帝的母亲"见大雷绕北斗，枢星光照郊野"然后"感而孕"。诸如此类的神话记载，无不显示出古人一个重要的结论性观点，那就是先秦典籍《春秋公羊传》所说的："圣人皆无父，感天而生。"

19世纪末，英国著名的生物学家赫胥黎说过："古代的传说，如果用现代严密的科学方法去检验，大多像梦一样平凡地消失了。但是奇怪的是，这种梦一样的传说，往往是一个半醒半睡的梦，预示着真实。"

德国语言学家史密特神父在研究中发现，在印、欧民族的宗教中，"上神(天主)"一词的语根是"照耀"的意思，而且《圣经》中"上帝"一词在古希伯来语中的意思更明确，它是"来自天空的人类"。

当然，马莱斯的新论断还有待证明，不过，近来许多新发现似乎可以作为佐证。据美国《新闻周刊》报道：在墨西哥一个孤独的村庄里，发现了一个不可思议的狼人人种。科学家们闻讯后大为震惊，吵吵嚷嚷地要对这个奇异的种族进行研究。

他们总共有16个,即15名儿童和1名成人,共同生活在扎卡铁斯州的劳列托村里。他们都是一个名叫玛丽亚·露伊莎·迪亚兹的老妇人的子孙。孩子们绝顶聪明,但是,有关他们的情况却知道得不多。这些狼人都是贫苦的农民,他们不喜欢抛头露面。

据观察,狼人除身体上下(包括脸部)都覆盖着黑色的卷毛外,这个奇怪种族从各方面看都像人。

这些狼人是如何发展而来的呢?

科学家们研究了遍体长毛的孩子,不少人得出结论:他们的情况是遗传的;狼人家庭里的孩子,并不都有这种情况,但那些看来正常的孩子,也可以在下一代中生出长毛的后代。

另一些看到过狼人孩子的人认为,他们可能是一个新的种族,由来自另一个行星的父亲繁衍下来。理由是,玛丽亚·露伊莎·迪亚兹对自己的身世一无所知。

几年前,在非洲北部的一个与世隔绝的山区中,有一支考察队竟发现了一个庞大的蓝色皮肤的家庭。他们不但肤色发蓝,而且血液也是蓝色的。

在这件事公开之后不久,美国的加利福尼亚大学医学院的著名运动生理专家韦西到南美洲智利安第斯山脉探险时,在奥坎基尔查峰海拔6600米高处,也发现了浑身皮肤发蓝光的人种。韦西说,在这么高的山峰上,空气含氧量比海平面少50%,连身强力壮的登山运动员都感到行动吃力,但是这种奇异的蓝色人却能进行各种剧烈的体力劳动和奇特运动,真令人称奇。

另外,在喜马拉雅山脉空气稀薄的6000米以上高处,美国生理学家也曾发现一些蓝皮肤的僧侣,令人吃惊的是,这些蓝皮肤僧侣都能做一些笨重的工作。

对于这种蓝色人现象,科学家经过旷日持久的讨论,仍众说纷纭。有的说

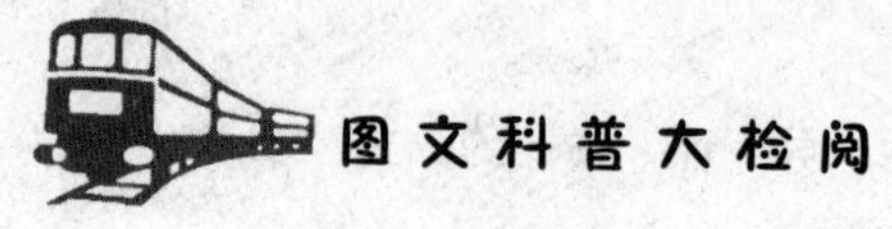

是缺氧；有的说是缺铁；有的说是缺乏某种酶；还有的说是基因变异。蓝色人种究竟是一种退化，还是一种适应环境的变异有待于进一步探索。

有人认为，蓝色人种是再现外星人某种特征的返祖现象。

在我国古代传说中，大都有一种“自天而降”的黄色脸的瘦脸人，他们个个大脑袋，矮个子。对于他们的由来，由于历史条件限制，现代人了解得太少。

由上所述，我们可以这样推论人类的起源：通常从考古学和人类学出发，把知母不知父的古时候称为母系社会，并且认为是由群婚现象所造成的，“处女生殖”的确是上古时代的一个事实，而所谓处女生育的问题只是表示一种禁忌；最初人类根本就没有今天我们所认为的“人类父亲”；“人类父亲”可能就是外星人，而所谓的“母亲”实际上是地球上的母猿。

根据达尔文的说法，人是从古猿进化来的。但是，达尔文自己也没能弄清人究竟是怎样从古猿进化而来。关于人类起源的争论一直没有停息过。

古猿生活的年代离现在实在太远了。因此，要弄清古猿究竟是怎样进化成人的，只能凭借古生物化石来推断当时的情况。

从20世纪20年代到70年代初，人们在世界各地相继发现了三种古人类化石：非洲南猿化石、粗壮南猿化石和鲍氏南猿化石。

1925年，南非的解剖学家雷蒙德·达特认为，非洲南猿当时已具有直立行走的能力，唯有它才是人类的直接祖先。但是，令达特深感遗憾的是，他只找到了非洲南猿幼年个体的化石。

1938年，在发现非洲南猿的斯特克方丹，又发现了另一种古猿的化石。这种古猿化石的形态与非洲南猿不大一样，复原以后，它的形态比非洲南猿要粗壮得多。所以，将它命名为“粗壮南猿”。

根据放射性同位素的测定，非洲南猿大约生活在距今300万~200万年前，粗壮南猿则生活在距今200万~150万年前。

1957年7月17日，英国人类学家路易斯·利基夫妇在坦桑尼亚的奥尔林韦峡谷中，发现了一个已碎成400多块的灵长目动物的颅骨。利基将这具颅骨与粗壮南猿相比，得知它的牙齿更为粗壮。于是，利基把它命名为鲍氏南猿。根据分析，鲍氏南猿生活在距今约175万年前。

1974年11月，美国科学家多纳尔德·约翰森等研究人员，在埃塞俄比亚的哈达地区，发掘出一具不太完整的古人类化石。根据骨骼的形态分析，化石是一个年龄20岁左右的女性。约翰森将它命名为“露西”。约翰森认为，“露西”生活在距今300万年前，能够独立行走。以后，在发现“露西”的地区，又相继发现了65具古人类化石，约翰森将它们统称为“阿法尔南猿”化石。约翰森认为，唯有阿法尔南猿才是人类的直接祖先。在漫长的年代中，阿法尔南猿进化成粗壮南猿和鲍氏南猿，最后再进化为人类。

肯尼亚的理查德认为，约翰森的说法未必可信，因为在约翰森之前，人们普遍认为非洲南猿是人类的直接祖先，这是由于非洲南猿在解剖特征上既有古猿的特征，又有人类的特征，而另外两种南猿——粗壮南猿和鲍氏南猿则属于同一类型，它们都从非洲南猿进化而来的。然而，当阿法尔南猿的化石被发现以后，人们自然而然地让阿法尔南猿取代了非洲南猿的地位，成为人类的直接祖先。

有一些科学家认为，人类的祖先非常有可能是恐龙，而未必是非洲南猿。他们根据目前所掌握的资料证明，并非所有的恐龙都是头脑简单、身体笨重的庞然大物。考古学家在加拿大阿尔伯达省找到了一种袋鼠大小的恐龙——窄趾龙的化石。这种窄趾龙的大脑比其他恐龙大得多。如果恐龙当时没有灭绝，根据窄趾龙进化的速度，非常有可能进化成智慧发达的恐人，而再由恐人进化成现代人类。这种说法因为荒诞和根据不足而遭到了否定，但它那种丰富的想象力却引起人们的注意。

谁是我们的父母双亲，这种“上帝造人”的说法，在达尔文创造生物进化论学说之后已被人视为无稽之谈。但在10多年前，美国加利福尼亚大学科学家却提出了一个与此相关的新见解。因为随着分子生物学的发现，人们发现了细胞质中的线粒体也含有遗传物质DNA(脱氧核糖核酸)，现代生殖学已证实，在高等动物的受精过程中，精子中的线粒体DNA是不能进入受精卵的，人类细胞的线粒体DNA都来自母亲。因此，线粒体DNA属于严格的母系遗传。这样一来，如果人们能证实同一人种的线粒体DNA是相同的，则说明他们来源于同一母系。

据此，美国加利福尼亚大学伯克莱公校的威尔逊遗传小组，选择了来自非洲、欧洲、中东、亚洲和澳大利亚土著等妇女147人，利用她们生产婴儿时的胎盘，进行不同种族婴儿胎盘的线粒体DNA研究，发现全人类线粒体基本相同，差异很小，平均歧异率只有0.32%左右。因此，从逻辑上说，现代各族居民的线粒体DNA，最终都是一个共同的女性祖先遗传下来的，那就是说在大约20万年前生活在非洲的一个妇女，这个妇女就是全世界现代人的祖先。

威尔逊说："我们可以将这位幸运的女性称为'夏娃'，她的世系一直延续至今。"这一理论也被称为"夏娃理论"。

"夏娃理论"还认为，当时也许有几千男女同"夏娃"生活在一起，但其他女性都没能留下后裔。因此，她们的线粒体DNA谱系便断绝了。"夏娃"的后代在距今9万~13万年前迁徙世界各地时，各地已有许多古人类在生息，如欧洲的尼安德特人、中国的北京人等，但"夏娃"不同的线粒体DNA遗传下来，现代人中就会有多种线粒体DNA，而事实上现代各种族居民的线粒体DNA却是高度一致的，这说明他们都来自同一个祖先"夏娃"。

现代人的男性祖先是否便是"亚当"?英国剑桥大学和美国亚利桑那大学的两个研究小组一致认为，世界各地的男性基因源于同一基因。如上所述，分析女性祖先的基因比较容易，因为线粒体DNA只通过女性遗传。而分析男性祖先的基因则复杂得多，为此英国和美国的研究人员均把突破口选在男性独有的Y染色体上。美国研究人员利用计算机分析了8名现代非洲男性、2名澳大利亚男性、3名日本男性和2名欧洲男性以及4只大猩猩的基因，结果发现，从基因角度看，世界各地的现代男性源于一副Y染色体。通过与人类最近的近亲大猩猩比较后，美国研究人员认为，18.8万年前，非洲一个部落的Y染色体是现代男性Y染色体的祖先。同样，人们也可以将这位幸运的男性称为“亚当”，自然也应该可以称这一观点为“亚当观点”。如果这两个结论是正确的，那么在400万~600万年前，从猿分化出来的原始人大都没有留下后代，只有非洲的一个部落生存下来，然后向世界各地迁徙，形成了现代人了。

美国伊利诺伊大学和密执安大学的科学家却认为，现代人的确进化自非洲的一个部落，但其进化过程并非是20万年，而至少是100万年。他们说，如果夏娃之说可以成立的话，那么，世界上一切与夏娃无关的人类祖先就都已绝种了。但从对古人类化石的分析结果看，事实上并非如此。科学家们在对100万年前的古人类化石研究后发现，它们的特征与亚洲现代人极为相似，这就意味着今天的亚洲人是百万年前亚洲祖先的后裔。

进化论学说

长期以来,科学界有这样一个疑问:在生存当中所有的生物都面临着一场生死斗争,或被捕杀,或遭受饥饿,或生病……那么,为什么有的死亡了,有的生存下来了呢?

1839年,达尔文提出了一个震撼19世纪中叶社会基础的理论——进化论:所有的有生命之物都经历过大自然的选择。

适应者、成功者生存下来并繁衍不断,而其他的生物则随着时间而消亡了。达尔文还进一步提出:人类与猿猴有共同的祖先,只是沿着不同的方向进行了演化。

新事物的诞生必然会遭到旧势力的重压。教会和公众马上进行反驳:人是上帝创造的,人是独一无二、至高无上的,怎么会是猴子变的呢?但科学终究是科学。经过长时间的争论,科学界达成共识:达尔文的观点是正确的。从此,进化论广为传播。

达尔文是如何得出进化论的呢?

科学界公认,加拉帕戈斯群岛被人们视为进化论的发祥地。

厄瓜多尔的加拉帕戈斯群岛是一群火山岛,距南美大陆约1000千米,包括13个大岛和6个小岛,面积约59500平方千米。岛上多高山峻岭,许多地方怪石嶙峋,因此当人们最初发现它时,将它命名为“斯坎塔拉斯岛”。“斯坎塔拉斯”,西班牙语意为“魔鬼”。因为岛上有许多很大的乌龟,所以后来人们将它更名为“加拉帕戈斯群岛”(意为“巨龟之岛”)。

据考古学家考证,在这个群岛上,生活着700多种地面动物,80多种鸟类和许多昆虫,其中以巨龟和大蜥蜴闻名于世。

产于加拉帕戈斯群岛上的象龟是世界上最大的一种陆生龟,一般体重300千克,最重的可达380千克。除海龟外,岛上还有大量不平常的野生动物,包括鸟类、海鬣蜥和陆鬣蜥、海狮等,使该地区成为一个生态学上的奇异地区。因此,加拉帕戈斯群岛被称为“世界上最大的自然博物馆”。

1835年9月,经过长途的海上航行,20多岁的达尔文乘“小猎犬号”来到了加拉帕戈斯群岛。他发现了一些奇特有趣的现象:海鬣蜥有一种古怪的行为方式——大海是它们的天然栖息地,但它们一旦受到惊吓,却又拒绝进入海中。这位博物学家不止一次地将正在蠕动的海鬣蜥用力掷向一个礁石坑中,每次它都能径直地游回岸上。难道海鬣蜥的唯一敌人是鲨鱼吗?果真如此的话,它们为什么把海岸沿线的礁石视作它们最佳的安全地点?经过苦苦思索,达尔文认为,这一定是一种遗传的天性,是世代相传下来的。

在达尔文所收集的不同种类的岛鸟中,燕雀类占了一半。如同这些黑色群岛上的许多其他鸟类一样,这些燕雀通常也是黑色的。尽管如此,它们之间还是有很大区别的。有一种鸟有一个用来捕捉昆虫的尖细的喙;还有一种鸟像欧洲锡嘴雀那样有一个结实而有力的喙,足以啄开有坚硬外壳的果实;其余的鸟喙都介于这两类之间。它们同属雀类,又生活在非常相似的环境中,为什么长相如此的不同呢?

据达尔文所知,大部分的岛屿都生长着大量的海龟。一天,一位名叫尼古拉斯·劳森的英属加拉帕戈斯群岛副总督,无意中谈及自己一眼就能分辨出捕捉的海龟来自哪个岛,其他岛民说他们也能做到这一点。原来,不同岛上的海龟有不同的斑纹、不同的体形,甚至吃起来味道也不一样。起初,达尔文对当地人的说法并未多加注意。后来,他忽然意识到了它的重要性:加拉帕戈斯群岛的各个岛屿非常相似,它们的气候也一样,大多数岛屿甚至可以隔水相望。然而,每个岛屿似乎都有自己独特的生物种类。

这些差别是如何产生的呢?为什么会有这样的差别呢?

不久,达尔文对加拉帕戈斯群岛的生物进行了仔细的研究,这项工作是从鸟类尤其是燕雀类着手的。达尔文发现,这些燕雀可分为13个不同的种类,

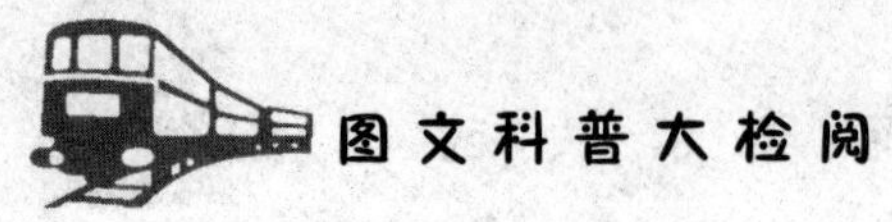

它们最初可能来自3个不同的岛屿。这一结果被另一研究者约翰·古尔德所证实。达尔文认为,起初这些加拉帕戈斯群岛的鸟类,肯定是以某种方式从南美洲大陆漂洋过海而来的,因为这些鸟类与南美洲的鸟类有极大的相似性。不管以什么方式,一个物种一旦在群岛上找到了立足之地,它的成员就会在那儿待下来,并为适应新的环境而开始发生变异。

最终,达尔文得出结论:同种生物在生存过程中之所以有生有死,在于有机体之间出现的小小变异。不然的话,它们都会有相似的命运。群体中跑得最快的动物能比它的敌人跑得更快,最机警的动物能以智取胜,而最强健的动物能摆脱疾病的侵袭……这些生存下来的生物体的后代也有更多的生存机会,它们继承了它们父母的异乎寻常的速度、机警或力量。于是,生物体逐渐进化,更能适应环境,动物变种也逐渐出现。自然界的物种不是上帝创造世界时一下子形成的,相反,它们是从早期存在的物种不断发展进化而来的。随着时间推移,新的物种相互之间以及它们与其原来的母体物种之间都会存在着越来越大的差异。

这就是进化论。至今仍在加拉帕戈斯群岛的圣克斯托瓦尔岛上竖立着的达尔文半身铜像就是明证。

神农架野人探秘

在湖北省的西北部有一处山川交错、峰岭连绵的地方，西与重庆相邻，属大巴山山脉褶皱带，海拔在1000米以上，共有海拔3000米以上的山峰6座，方圆3250千米，是我国原始森林区之一。相传上古的神农氏曾经在这里遍尝百草，为民治病。由于山高路险，神农氏就搭架上山采药，后来百姓为了纪念神农氏，把这里称为“神农架”。这就是“神农架”名称的由来。

神农架的神农顶面积约2平方千米，海拔3105.4米，是名副其实的“华中第一峰”，比四川峨眉山高6.4米。

神农顶终年雾霭茫茫，山顶岩石裸露，长有苔藓和蕨类植物，山腰上则分布着箭竹林带、冷杉林带和高山杜鹃林带。关于这些植物，还有一个美丽的民间故事。

据说古时山脚下有一对青年男女，男的英俊勇敢，女的秀丽能干。他们彼此相爱。山霸马皇垂涎姑娘的美貌，欲抢回来做“压寨夫人”。两人闻讯后逃跑，马皇带人追至山顶，用毒箭射杀了他们。这时神农氏恰好经过，他撒下一把箭竹的种子，将山霸困在竹林里变成蚂蟥；又抚摸青年男女的尸体，于是男的变成挺拔的冷杉，女的变成娇艳的杜鹃，从此他们生生世世永不分离。

提起神农架，人们首先会想到"野人"。自古以来，关于野人的记载和传说层出不穷。早在唐代便有人在当地见到过它们的踪影。史书中也时有记载，如清代王严恭于同治九年纂修《郧阳府志·房县》载："房山在城南四十里，高险幽远，四面石洞如房，多毛人，修丈余，遍体生毛，时出山啮人鸡犬，拒者必遭攫搏，以炮枪之，铅子落地，不能伤……"书中所说的房山即含现在神农架的一部分。那么神农架到底有没有野人呢?它到底是什么样子?这至今还是个谜。

1977年至1980年，探险队曾两度大规模地到这里搜索，虽找到野人毛发数百根、脚印数百个、粪便多处，甚至还发现野人住过的竹窝，但没有实质性的进展，不过神农架似乎确实存在一种未知的奇异动物。

中科院古人类研究所曾将在神农架发现的部分野人毛发和脚印石膏模型送往美国中央情报局进行检验，结果得出的结论却是惊人的。分析表明，在送检的毛发中有至今我们未曾发现的"奇异动物"的毛发；它不仅区别于非灵长类动物，也与灵长类动物有区别；更令人吃惊的是，有接近人类头发的特点，而且是白种人的，但又不尽相同。在脚印拓本的研究中，专家认为从其脚掌纹理以及细微程度来看，很难是人工雕琢成的，并且与已知的灵长类动物的脚印相比无一等同，至少比人类的脚落后，比现代高等灵长目动物的后脚进步。

古人类研究所的科研工作者经过不懈努力，在神农架山区发现了距今有20000多年的早已绝迹的古猿化石。其身高超过2米，是一种介于人和猴子之间的高级灵长类动物，被命名为"巨猿"。莫非这神农架野人就是它的后裔?按照现代生物学观点，一个物种倘若要生存繁衍，其种群数量不能低于1000只，否则就有灭种的危险。如果神农架野人数量超过1000只的话，依现在的科学技术水平，不要说发现它，就是要捉住一两个活体都不是什么困难的事情，但为什么到现在还没有结果呢?答案只有一个，那就是其数量相当稀少，甚或已经绝迹。真的是这样吗?一切有待于继续研究。传说神农架有一种驴头狼身的怪兽，当地人称其为“驴头狼”。据说，它的体形跟毛驴差不多，头部很像驴，却长着像狼那样的利爪，是一种凶猛的食肉动物。20世纪60年代曾有猎手打到过，但可惜已尸骨无存。

现在世界上其他地方虽然都不存在这种驴头怪兽，但在远古时代，这种动物确实存在，学名叫作“沙犷”，主要生活在距今700万年至450万年前的上新世。这种动物的头部和身体有些像驴，但脚上却生有很锋利的爪。如果说它是与驴类相似的动物，那它长如此锋利的爪做什么用呢?它到底是食肉动物还是像驴一样的食草动物呢?人们百思不得其解。

有人认为，虽然动物学家都把“沙犷”当作已经灭绝的史前动物，但由于神农架特殊的地理和生态环境，动植物群类非常丰富，与“沙犷”一起生活在上新世的动物，如金丝猴、苏门羚等，在别的地区都已经灭绝了，但在神农架却依然生存着，因此可能有少数残存的“沙犷”也在这块土地上生存下来，栖息在人迹罕至的深山密林之中。

从目击者的描述和脚印看，著名生物学家刘民壮认为，“驴头狼”很可能是史前孑遗动物——“沙犷”。

“驴头狼”真的是史前动物吗?这至今还是个谜。

神农架有好几个山洞。其中最大的一个，大约可以同时容纳几千人，到处是奇形怪状的石柱、石笋、石帘和石鼓。这样的山洞大自然中随处可见，但奇怪的是，在洞口有一条非常明显的冷暖分界线。站在冷的一边，寒气逼人；站在另一边，马上就如沐春风。当地人给它取名为“冷暖洞”。

冷暖两边相隔不过是一条线，但温度却相差10摄氏度以上。是什么原因造成如此大的温差呢?

有人认为，洞中温度低是正常的，而温度高的一边可能是由于它的下面有温泉，使上面的土地受热散发热量。但是根据渗透原理，长年累月挨着的地方，温度不可能有太多的差异，也就是说不可能有一条明显的分界线。

还有人经过对洞口结构的研究，认为由于洞口构造比较奇特，冷热空气在洞口相交，相互糅合，构成了一道空气屏障，故而产生了这种奇怪的现象。具体哪种说法更为实际，至今尚无足够的证据。

《山海经》上对熊山的传说曾有过记载。然而熊山究竟在什么地方，一时间谁也说不清楚。1986年有专家指出，熊山可能就是神农架地区。理由是，在地图上看神农架确实像一只站立的熊，而且神农架丛林深处到处都有熊的踪迹。真的是这样吗？

据调查，神农架地区的熊如果按毛色和外形区分，大致可分为狗熊、花熊、马熊、棕熊、白熊和人熊。对于花熊，有人认为它就是大熊猫；也有人认为它可能是狗熊和白熊的后代。对于人熊，有人说它是野人，不是熊；也有人说它是地球上除人类外的另一个人种。据说，人熊能直立行走，但从没有人捉到过活着的人熊。所以人熊究竟什么样，一时半会儿还弄不清楚。至于神农架是不是传说中的那个"熊山"也就不得而知了。

在神农架地区有一座戴家山，每逢2月和8月晴天的中午，这里的一块土地就会发出耀眼的强光。光线的长度可达200多米，比太阳光还强烈，每次出现两三分钟，然后自然消失。

当地的农民曾在光线出现的地方往下挖，在离地面1米左右的地方发现了一堆外形像鸡蛋、却比鸡蛋大很多的土蛋。

光线是从这里发出来的吗？这堆土蛋里难道有什么奥秘？

有人砸开了一个土蛋，结果发现，里面只是一堆土，别无其他。大自然中的土不会发光，也不会反光，如果光线真是这堆土蛋发出的，那只有一种可能：这些土蛋不是地球上的产物，或许它里面含有人类所不知道的元素。那么，土蛋是如何来到地球的，又是如何钻入地下的？没有人能回答。

正当人们苦苦追寻时，那个1米多深的土坑，在第二天被神秘地填平了。当人们在同一位置再一次向下挖时，土蛋已经不见了。

这又是怎么回事呢？谁也说不清楚。

在神农架石头屋附近，有一个深水潭。潭中有3只怪兽。它们的表皮呈灰白色，看起来像蟾蜍，只是有几十个蟾蜍那么大。这种怪兽有两只圆眼睛；嘴巴极大，张开时有1米多；前肢发达，其上有5个粗长的手指，指与指之间用蹼连接，在指尖还隐藏着锋利的爪，有些像鳄鱼。它们上半身露出水面，下半身浸在深水中，人们从没看见它们爬上岸，所以，至今也不知它的下面是什么样，有没有尾巴？这种怪兽似乎有冬眠的习惯，冬季从来都看不见它。

这种动物是什么呢？它又是如何发展到今天的呢？

有专家认为，大约7亿年前，神农架地层开始从海洋中崛起，几经沉浮，最后形成今天的陆地。所以，有理由相信，古生物的后代有条件在这里存活。

果真如此，那它是哪种古生物的后裔呢？人们在探索着。巍巍神农架，莽莽林海中，隐藏了太多太多的谜。

史前人类足迹之谜

人类学家告诉我们，截至今天，人类史已经有400万年。可是，最近的一项新发现震惊了整个人类——竟然有人发现了恐龙时代的人类脚印!要知道，恐龙可是在6400万年前灭绝的。

也就是说，到今天为止，人类发现的最古老的人类脚印并不是类人猿的脚印，而是恐龙时代的古人类的脚印。这一发现毫无疑问给人类学研究带来了轩然大波，因为它意味着要把人类的历史由400万年提前到恐龙灭绝前的6400万年前。对这种发现，各种质疑的声音不绝于耳，但是不管怎么样，这种发现毕竟给人类学提出了一个新的课题，至于我们怎么解答、什么时候能解答出这个问题，那是另外一回事情。

恐龙的脚印是人们经常看到过的，古人类的脚印人们也没少见过，但是两者同时出现在人类眼前的机会却是非常之少。在美国得克萨斯州的玫瑰谷附近，有一条名叫伯勒克西河的小河，在这一带，50多年来，人们曾经多次发现过恐龙脚印，也发现过一些恐龙化石，从来都没有人怀疑过这些脚印和化石的真实性。1971年，这里又惊爆出一条惊世骇俗的新闻：有人在这条河的河床上，发现了一些和三趾恐龙脚印交错在一起的古代人类脚印。

这一发现立即受到了古生物学家们的质疑,因为历史上曾经出现过弄虚作假,有人在真的恐龙脚印旁凿上人类脚印,以高价出售骗钱的情况。因此,不少人立即提出这个发现可能是历史上那次欺诈事件的翻版。

但是,这种质疑马上就受到了另外的一些专家学者的辩驳。

因为这些脚印是得克萨斯州基督教大学地质学教授瓦尔伯和另一名专家罗琳,在伯勒克西河上筑起堤坝,抽干河水,在河床底下找到的。这些人脚印长45厘米左右,宽13~17厘米,所有的脚印周围都有脚部压力造成的隆起部分,这显然符合人的脚印的特征。如果有人要伪造这些脚印的话就必须把几乎整个河底的岩石凿掉一层,而且还得长时期地潜入河底动工,这显然是不可能的。即使这样做了,这种伪造过程势必要将真的脚印化石锯开或敲破,那么在脚印表面之下就会找到相应的压力纹线,而实际上,这种纹线是不存在的。所以,大多数的专家和学者都认为这种脚印并非伪造,那么这种脚印就向人类学者提出了严峻的挑战,怎么去解释人类进化的历史一下提前了6000万年的事实呢?

于是,有些人类学家提出,这并非人类的脚印,而是一种类似于人类的恐龙的脚印。但是这种说法又受到了质疑,因为迄今为止,人们还没有发现任何一种恐龙类似于人类。而像考柏这样的古生物学家确信这些就是人类的脚印。但是,怎么去解释人类是怎样来到恐龙时代的呢?对此,他们也提不出来合理的答案。

美洲人之谜

1493年，海上英雄克里斯托弗·哥伦布，将一小队美洲土著人排列在西班牙人的朝廷面前。这几乎立刻引起了专家学者的激烈争论。这些陌生人是何方人士?他们怎样到达了他们的家园?他们是经过陆地还是经由海路从亚洲过去的?如果不是这样的话，那么就是在哥伦布之前有某位“无名飞行员”驾机从地中海飞过大西洋?印第安人是失落的亚特兰蒂斯大陆的幸存者，还是十个失踪的以色列人部落？500多年来，编撰神话的人与科学家一样，都认为最早的美洲人是人类古代历史中所有争议中最持久的谜团。

早在1590年，耶稣会传教士胡塞·德科斯塔就推测，最早的美洲人是从亚洲迁移到美洲的。他们只经过了短途的“航行”，而这几乎是在1743年发现白令海峡的两个世纪之前。有些人说在冰川时代，航海者们穿过大西洋或乘长长的独木舟，从澳大利亚划到了南美洲。除此之外，已经很少有科学家怀疑美洲土著人来自亚洲这个结论。现在的学术争论主要是围绕这两个问题进行：最早的殖民方式和最初的殖民究竟发生在何时。

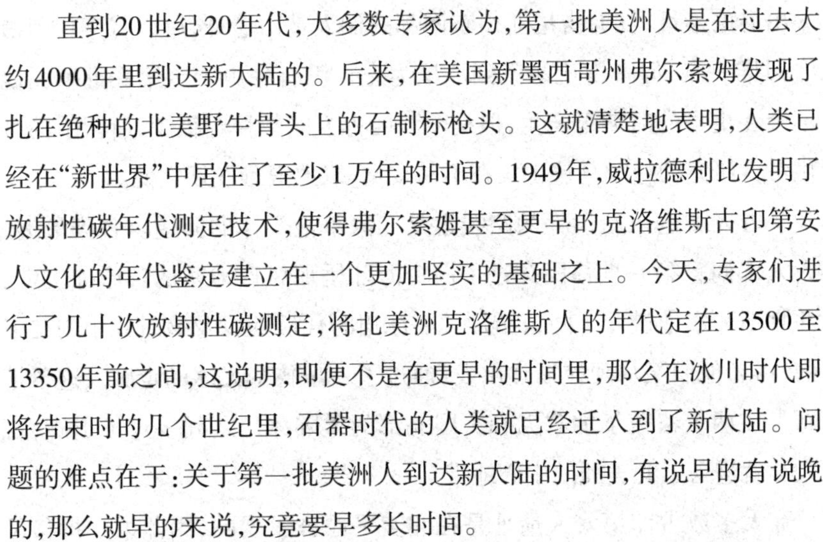

直到20世纪20年代，大多数专家认为，第一批美洲人是在过去大约4000年里到达新大陆的。后来，在美国新墨西哥州弗尔索姆发现了扎在绝种的北美野牛骨头上的石制标枪头。这就清楚地表明，人类已经在“新世界”中居住了至少1万年的时间。1949年，威拉德利比发明了放射性碳年代测定技术，使得弗尔索姆甚至更早的克洛维斯古印第安人文化的年代鉴定建立在一个更加坚实的基础之上。今天，专家们进行了几十次放射性碳测定，将北美洲克洛维斯人的年代定在13500至13350年前之间，这说明，即便不是在更早的时间里，那么在冰川时代即将结束时的几个世纪里，石器时代的人类就已经迁入到了新大陆。问题的难点在于：关于第一批美洲人到达新大陆的时间，有说早的有说晚的，那么就早的来说，究竟要早多长时间。

一个世纪以来，专家们进行了勤奋的研究。但是，已经找不到像尼安德特穴居人那样的古人类的线索。除这个事实外，大家没有多少一致的看法。至于科学家们的立场，大致可以分为两大思想学派。少数派的专家们认为，人类早在4万年前就从亚洲迁移到了阿拉斯加。为此，他们举出了一些在巴西东北部进行的、非常有争议的挖掘证据来证明这些早期殖民地。

但是除勃盖依朗佩德拉福拉达这个地点有些可能外，再也没有任何考古学上的证据可以证明4万年前的殖民地。多数派学者都赞成时间比较靠后的年代，即13500年前稍早一点儿的冰川时代后期才有古人类的活动。那时海平面在90米左右，比今天要低，而将西伯利亚与阿拉斯加连接起来的是一块陆桥——沉没的白令大陆。

没有几处古文化遗址能够证明在美洲有克洛维斯殖民地的存在。最著名的是智利最南端的绿山遗址，那里出土的一些木楼和简单石器的年代在14000年至13600年前，比克洛维斯稍晚一点。四散的一些不太出名的遗址，如弗吉尼亚州东南部的仙人掌山遗址，可以将年代稍稍往回推一点，但考古记录就到那里为止。没有理由否定第一批殖民地不会在更早的时期里产生，但是牵涉的古人的数目却很少，所留下的可供考古研究的蛛丝马迹也实在不易察觉，以致很难发现它们。

古人类进入新世界的路线也是专家争论不休的问题。直到最近，人人都同意第一批移民穿过了白令海陆桥那风疾地寒的苔原冻土带，并脚不沾水地进入了阿拉斯加。在冰川时代后期以及该时代刚刚结束的时候，他们又从阿拉斯加出发，通过了一条狭窄无冰的走廊。这条走廊夹在两个覆盖了加拿大和美国北部的大陆冰川之间。过了走廊，古人类就进入了北美洲的中心地带。

大多数古印第安人遗址是在北美平原被发现的，因此第一批移民被认为是擅长猎杀大型动物的猎人，因为他们特别喜欢猎杀北美野牛、猛犸或者乳齿象。近年来，在新发现的遗址的考古中，证明这种情况并不完全准确。真正的结果表明，古印第安人是无所不猎、无所不采的猎人和采集者，他们各种食物都会享用。与此同时，新的地质研究表明，从阿拉斯加到大平原的不冻土走廊没有植被，无法支持动物或者人类的生存，因此首批移民不可能到达南部，除非他们沿着海岸水路行走。在这种情况下，首批移民可能是顺着西伯利亚的海岸，沿着白令大陆桥的海岸，然后向南和向东贴着阿拉斯加的大陆架行走。不幸的是，那些本来可以记录这一路线的古文化遗址许多已经躺在水下几米深处。不过至少在理论上没有理由否认，冰川时代后期装备有皮筏艇的人类，可能以鱼类和海洋哺乳动物为食，一路向南，而当时的海平面比今天的要低。直到现在，关于路线的争论仍是难解难分。

许多奥秘激起了科学家和普通人巨大的热情，最早的美洲人就是这些奥秘之一。最能激起人们热情的，莫过于1996年在华盛顿州本通县很容易就发现的一个肯尼维克人。那个人的颅骨和四肢骨头被水从河岸冲了出来，他显然属于高加索人种，男性，牙齿有磨损，死亡时年龄在40~45岁之间，约1.73米高。起先，考古学家詹姆斯·查特斯认为他找到了一个现代欧洲人，直到严格检查之后，才发现该遗骸的右臂有一处痊愈的伤口，里面有一件像箭头或标枪枪头似的东西。然后用放射性碳技术测定骨头，其年代在9330~9380年之间，是美洲发现的最早的人类遗骸之一。电脑化断层X射线照相法扫描认定，神秘的箭头是一个叶状的瀑布式的石头尖。但是，当地的土地所有者——土地管理局立刻呼吁停止全部调查，并宣布他们将按联邦法规定，把骨头送还给当地的五个部落。一些考古学家们随后起诉了管理局和工程处，诉讼一方是科学家，另一方则是政府和美洲土著人。

从科学的观点来看，因为悠远的年代和似乎不同一般的体格特点，所以肯尼维克人的骨架引起了人们极大的兴趣。在第一次检测中，颅骨似乎更像现代西方的欧亚人而不像后来才到美洲的土著人。当骨头的悠远的年代宣布之后，报界兴奋地抓住它的欧洲人的特点大肆宣传，并将其作为远古时候的美洲并非是印第安人殖民地的证据。当头条新闻大放光彩的时候，那些骨头却难得让人一见，虽然专家们正在详细地对它们加以研究。在最近发表的一篇科学报告中，詹姆斯·查特斯证实肯尼维克人的骨头与现代美洲土著人明显不同，尤其是与北美洲西北部的土著人更不相同。然而，肯尼维克人与其他六个与之年龄相仿的古印第安人男性却有不少共同特点。他们都有长长的颅骨、中等或较宽的面颊和或窄或中等的鼻子。他们显示出其起源于热带的痕迹，而非北部居民那种典型的长直脸和短四肢。肯尼维克人个子较高，面部棱角分明，但他的一般特征并不出奇。甚至他的死亡年龄在印第安人男性之中也是完全正常的，他们一般寿命为32~45岁。

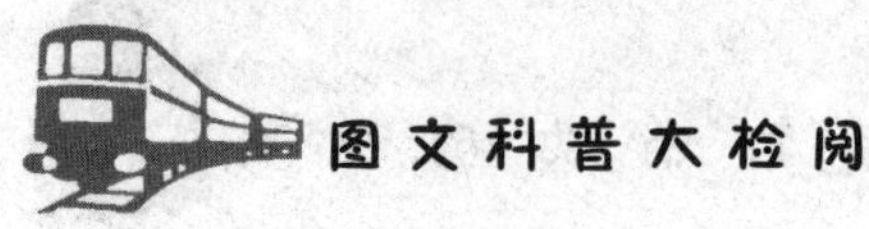

早期人类迁居北美洲的情况比我们现在所猜测的要更加复杂，而且石器时代较小的群体到达美洲是在一段较长的时间里，或者在冰川时代后期，或者在其之后不久。最早的美洲人是谁，仍是历史上最大的谜团之一，这只不过是因为他们的人口实在稀少，他们安营扎寨的遗址的存在又是如此短暂。魅力并不在于早期欧洲人越过冰川时代的北大西洋占领或者移民美洲这些理论是否荒诞，而是在于如何破译那些最难捉摸且最分散的考古学、生物学和语言学上的暗示。

澳大利亚人起源

按照澳大利亚土著人的一些传统观念，他们的祖先是“梦幻时代”创造出来的，那时候形成了陆地与人类。因此，对他们而言，他们的起源没有任何神秘可言。他们祖祖辈辈一直就在那里。他们的起源时间也无足轻重。梦幻时代融过去、现在和将来于一体，年代这一概念变得微不足道。

可是对于科学家来说，最早到达澳大利亚的人类的起源与到达的时间，在200年中一直是一个十分棘手的问题。谁是最早的澳大利亚人？他们来自何方？他们怎样到达这里？他们什么时候到达？在全球人类的进化故事中，他们的位置何在？由于每个新模式都受到了新的学说、证据和断代法的挑战，所以，这个难题仍然悬而未决。人们拓殖澳大利亚是自北向南进行的，从东南亚陆地开始，包括现在印度尼西亚和马来西亚在内。

欧仁·杜布瓦于19世纪在爪哇发现了直立人化石，那可能就是最早的澳大利亚人的祖先。研究结果表明，直立人于174万年前就到达了爪哇。东南亚出土的人类骨骼很少有短于10万年历史的。但是爪哇出土的瓦蒂亚克人、沙捞越出土的尼亚人和巴拉望岛出土的塔邦人全部在1万年左右。

由于数千年来全球冰川变化引起了海平面的变化，澳大利亚曾经与塔斯马尼亚岛和新几内亚岛连成一体，被称为沙胡尔。但即便是在海平面最低的时候，沙胡尔也与东南亚分隔开来。

所以，到达澳大利亚的必由之路，是乘船或者划独木舟。不难想象，与我们一样具有相同体格、思维与能力的现代人类，可以制作竹筏，筏上扎起树叶编织成的风帆以风为动力。这个地区的海流和风向，几乎可以保证航行顺利到达彼岸。而且，从候鸟的飞行路线与旱季里野火燃烧冒出的烟来看，陆地就在前方天际处。

早期澳大利亚殖民地很可能已经被有组织的远征群体所占据，或许是沿海渔村最后在帝汶海的南岸上建立起了永久性的居民地。由于当时海岸线很长，许多群落可能几乎同时就在岸边居住了下来，而且不至于侵犯了别人已经建立起的家业。如果是这样的话，第一批澳大利亚人也许数以千计。大约1万年前，海平面最后上升，但是这可能并未导致早期居民与外面完全断绝联系，尽管欧洲人在与澳洲土著人接触后认为他们并非航海高手。美加山人在最后的数百年间出海捕捞被详细记录在案，大约4000年前一种野狗到达了澳洲，这是另一个联系不曾中断的例证。

直到20世纪中叶，考古学家们假定第一批移民到达澳大利亚发生在最后一季冰川时代末期，现在鉴定是在2.5万年和1. 3万年前之间。那时海平面还较低，此后便上涨了。然而，到了 20世纪70年代，我们已经清楚地知道第一批澳大利亚人早在这个时期之前就已经到达澳洲。对澳大利亚人类繁衍分布的调查，与不断创新的年代测定法的发展齐头并进。1961年，放射性碳测定第一批移民到达澳大利亚的日期为9000年前，而 1981年则测定为3.8万年前，考古发现的步伐把日期向前推进了一大步。从玛拉库南伽、金米翁和蒙高等遗址出土的文物表示的时期十分悠久，使许多考古学家认为6万年前甚至更早的时候就有人类来

到澳洲。然而，关于年代测定的方法与得出的结果，大家也还是议论纷纷。一些人认为，没有令人信服的证据表明4万~4.5万年前就有人居住在澳洲，另一些人则断言6万年还只是保守的估计。随着挖掘方法、相互通婚才产生了这种变异。

在20世纪大部分时间里，移民模式被用于解释实体差异的范围。1941年，在放射性碳测定法发明之前，约瑟夫·伯德赛尔认为，不同拓殖群分成三批进行移民是造成明显差异的原因。到20世纪70年代初，艾伦·桑恩提出一种双重的移民模式，而他在高泽的发现为他的理论提供了证据：澳大利亚东南部的墨累河畔曾生活着身高体重、魁梧结实的人类。在蒙高湖发现的遗骨要比高泽人古老许多，蒙高人的体重则比高泽人要轻一些。桑恩把这些与北方发现的古代化石联系起来，并对这种变异进行解释。即更加高大更结实的群体的祖先可以追溯到爪哇直立人，而比较苗条的则来自遥远的中国。

由于最早居民的年代测定被往前推移，所以解释土著民族的体格差异范围的进化论学说渐渐占了上风。人类在沙漠环境中生活数万年后，身材逐渐变得更加苗条，四肢相对较长。威朗德拉湖居民在冰川时代，就居住于沙漠之中。同样，"适应"可以在很大程度上解释住在像墨累河这样资源丰富的地区的人类往往体格比较健壮的原因。

在澳大利亚发现了大约90个历史在1万年以上的骨架，大多数都支离破碎。他们主要来自威朗德拉湖、库包尔小溪和高泽。后两地被墨累河隔开，相距大约50千米，都位于历史上巴拉帕拉帕部落的领土里。

调查显示，这些1万多年前的人类大部分都身高体壮。最著名的是科胡那、纳库里、高泽和库包尔小溪地方的人类，他们都发现于墨累河保护区内。在所有的人类群体当中，他们的牙齿最大，前额突出，眉骨发育良好。其他的如凯勒人和威朗德拉湖出土的骨架中,许多都没有那么粗壮,体格上比较接近于现代的土著人。

近来,专家们研究了体格完全进化完备的现代人类的起源以及他们在遍布世界的同时分化成的两个模式:地方连续模式和源自非洲模式。在第一个模式里,直立人从非洲向欧亚大陆扩展,174万年前到达爪哇。整个"旧世界"里所有的人类都通过内部结合从直立人开始进化。而现代的智人则出现在大约13万年前。在此模式下,发现于梭罗和琅洞的直立人化石就是澳大利亚土著居民的祖先。许多研究者注意到:大约1万年前的澳大利亚土著人,与显示出完整谱系的爪哇人的化石之间,有着许多相似性。

根据源自非洲模式的理论,现代人类13万年前就在非洲发展,在地质学上的瞬间迁移到了整个亚洲,或许沿着印度和东南亚的海岸航行,于6万年前定居澳大利亚。一路上,他们杀掉了当地所有的直立人,然后迁移到澳大利亚。当时,澳洲远离其他人类拥挤的地方已经150多万年了。这种模式是一种闪电战的进化模式。

所以,按照源自非洲模式,在爪哇、梭罗和琅洞发现的直立人化石,与澳大利亚土著大家庭有着千丝万缕的联系。而第一批澳大利亚人的祖先,就是13万年前在非洲出现的人类。但地方连续模式仍然认为,直立人是第一批澳大利亚人的祖先。或许最令人惊奇的问题是:为什么直立人未能完成最后一次短途旅行并迁往澳大利亚?还是他们确实到了澳洲?地方连续模式使我们认为还存在一种可能性,即我们仍然有可能最后找到人类10万年前就到了澳大利亚的证据。虽然证据未必会找到,但是并非完全不可能。

古埃及人种族探寻

埃及是世界闻名的四大文明古国之一,古埃及人所创造的光辉灿烂的文化,引起一代又一代人的猜测和想象:6000多年前已达到相当水平的制陶、织布、缝衣、编篮等技术;5500年前的城市建筑、象形文字和冶铁术;5000多年前出现的古代国家;4000多年前建成的内部结构复杂、外观巍峨雄伟、被誉为古代世界七大奇观之冠的尼罗河西岸的金字塔群;不可思议的金字塔墓碑咒语和木乃伊及气势雄伟、技艺精湛的"迷宫";把尼罗河的泛滥与太阳和天狼星同时在地平线上升起联系起来而创立的令后人叹为观止的天文学……以至于有人把古代埃及人的神奇智慧归之为"太空来客"。

神秘的埃及早就引起古希腊人的注意。希罗多德的《历史》使希腊人对埃及人的观察留传至今。托勒密诸王对埃及文化的独创性也大为惊奇,曾于公元前3世纪下令就政治、宗教和社会生活各个方面编写一部法老埃及史。一个埃及出生的人——曼涅托,受命主持撰写,遗憾的是,这部著作因亚历山大图书馆被焚而不幸失传,唯有为别的书所引用的部分段落保存了下来,从而使埃及的历史保存了一个可信的轮廓。公元6世纪,查士丁尼一世在位时,最后一批埃及神庙被封;种种法老文字通通被排斥,只有口语在科普特语中得以留存,书面语却逐渐失传了。直到1822年,让·弗朗索瓦·商博良(1790~1852)译解了这种文字,人们才再一次得以理解由埃及人自己写下的种种古文件,从而使埃及相对成为整个非洲最富有史料的地区。但是,这些史料是那样残缺不全,对了解埃及历史仍然是沧海一粟;尽管有考古提供的资料作为补充,但阵阵谜云仍然掩盖着古埃及人所走过的历史道路,使人无法看清而无法推测。其中最为扑朔迷离者之一,就是尼罗河流域的古代居民问题。

“埃及”一词系由古希腊语Aigyptos演变而来，起源于古埃及孟斐斯城的埃及语名Hikuptah(意为普塔神灵之宫)。在埃及至今尚未发现早期人类化石，但在尼罗河谷地和利比亚高原等地却发现了一些旧石器时代的遗物，其中最早的可追溯到六七十万年前，甚至100万年前。一般认为，尼罗河流域出现居民大约是在一二万年前。古埃及人来自何方?属何种族?这是长期引起激烈争论的问题。

关于埃及早期居民是“白种人”或“黑种人”的辩论开始于1874年。一个世纪后，就此问题联合国教科文组织在开罗主办了一次学术讨论会，与会专家展开了激烈的争论。一派认为，埃及的最早居民是“黑人”。他们提出的人类发源于非洲的“一祖论”认为，最初的人类必然属于同一人种——尼格罗人。人类的出现首先是在非洲尼罗河发源地。那时北非的气候温和潮湿，雨量充沛，满布着草丛和森林，各种动物隐没其间，当时的居民以渔猎采集为生。按格洛吉尔氏定律，在温暖潮湿的气候中进化而来的热血动物会分泌出一种黑色色素(真黑色素)，人类也不例外，因此，地球上最初的人类在种族上是同一的。人类从这一原始地区扩散到世界其他地区，唯有两条道路：尼罗河流域和撒哈拉。在尼罗河流域，这一扩散发生在旧石器时代早期和原始历史时期之间，是沿着自南而北的方向逐步进行的。该派列举的证据有：在马里埃塔发掘的木乃伊的表皮和真皮之间发现相当数量的黑色素；希腊和拉丁学者都把埃及人描写为尼格罗人，其中有希罗多德、亚里士多德、卢西安、阿波罗佐鲁夫、埃斯奇里斯、阿基里斯·塔蒂乌斯、斯特拉波、狄奥多勒斯·西库卢斯、迪奥吉尼斯·拉尔蒂阿斯、安米亚努斯·马塞利努斯等人；《圣经》中的传说也认为埃及人是“含”的后代(“含”是“哈姆”的同义异译)；古埃及人自称KNIT〔其后常用的Hamte(含米特人)一词即源于此词〕，此词亦以“Hamu”形式见于《圣经》，这是“法老语言中用以指黑色的最有力的一个词”；古埃及人称他们的国土为Kmt，意为“黑土”，有别于未经河流灌溉的“红土”(即沙漠)。古埃及“从其新石器时期的幼年直到本地人建立的王朝的终结”,居民一直是黑种非洲人。

另一派认为,早在王朝前时期,生活在古埃及的人是“白种人”;尽管他们的色素为暗色,甚或是黑色。尼格罗人是从第十八王朝以后才出现的;也有人认为从王朝初期以后,居民一直未变。

还有一派认为,古埃及居民是混合种族。人类进入一个荆棘丛生、野兽出没的河谷,绝非一蹴而就,他们在那里逐步拓地而居,经历了几千年。在此期间,无论是人类集团的密度还是气候的变异,都迫使他们寻求更多的资源或较大的安全。由于整个尼罗河谷,尤其是埃及位于非洲大陆东北角,它不可避免地要成为不仅来自非洲别处也来自中东的人们长途迁徙的终点。根据人类学家的研究得知,在尼罗河谷发现了几具非常古老的居民骨骼,已辨认出他们属于克鲁马浓人、亚美种人、尼格罗种人、卢科德姆人等。混合种族的基本成分随时间和空间而异。尼罗河流域居民不可能从最初起直到波斯人入侵为止纯属单一种族。另外,根据留传下来的埃及艺术品中形形色色、各不相同的肖像总体来看,古代埃及居民也绝非同一种族。那些肖像有的颧骨高耸,有的肥胖、卷唇,有的鼻子略呈弓形,最常见的却是鼻大而直,在南方特别常见的是扁平的鼻子和较厚的嘴唇。根据人类学家的最近研究成果可知,从体质角度、按照头发的性质和皮肤的颜色来判别极古老的,例如属于旧石器时代的人类属于什么种族是靠不住的。

关于古埃及居民的种族问题的争论,在开罗主办的学术讨论会并没有匆匆得出结论,由于史料的局限,看来也不会很快偃旗息鼓,它仍将是困扰史学家们的一个难解之谜。

奥尔梅克人考探

古代中美洲最古老的文明创造者奥尔梅克人，是从非洲来的吗?所有的证据表明，他们这些美洲土著，是古印第安人的后代，而古印第安人是从亚洲东北部进入美洲的。此外，我们完全没有任何证据支持这样一种说法，即在哥伦布远航之前，非洲人就到达了美洲。考古学家们没有发现一件非洲的人工制品、植物或者动物遗骸、语言要素，也没有找到任何其他确凿的证据，说明非洲人曾经在奥尔梅克人的地方或者美洲其他地区存在过。那么，有人可能会问:这个问题是怎样提出来的?为什么要提这个问题?

1862年，胡塞·梅尔加尔.Y.塞拉诺去访问墨西哥南部的图克斯特拉山脉中的一个甘蔗种植园。一些工人带他去看几年前被一位工人发现的用玄武岩雕成的巨型头像。梅尔加尔受过良好的教育，对古代“旧世界”的文明和他故乡的东西都很感兴趣。他意识到，那座头像——现在称为“特雷斯萨波特斯第一巨像”是个非同寻常的发现。在以后的岁月里，他发表了两篇文章，对那尊头像的含义以及它所代表的人物的身份进行了推测。当时，支配学术氛围的是扩散论者思想。扩散论者与他们受压抑的19世纪的后代一样，认为哥伦布到达美洲大陆以前的美洲土著人，一定缺乏足够的智力或者文化能力来创造大型的或者辉煌的艺术作品。因此，梅尔加尔假定一定是从“旧世界”过来的移民雕刻了那尊巨像，并认定该人像是非洲人，具体地说是埃塞俄比亚人。

梅尔加尔研究的头像几乎完全被人忘却，直到1939年考古学家马修.W.斯特林前去勘察奥尔梅克文化的过程中，才再次将该头像清扫了一遍。斯特林在特雷斯萨波特斯、拉本塔和圣罗伦索三处进行了考查，

使奥尔梅克文化引起了学术界的注意。他在《国家地理杂志》上刊登的文章受到读者争相传阅，使得奥尔梅克人家喻户晓。

后来，在对奥尔梅克文化进行的系列考查中，发现了好几百尊石雕，其中有14尊其他的巨型头像。大多数现代学者认为：这些不同寻常的纪念碑，是活人或者新近去世的奥尔梅克统治者的雕像。有意思的是，14尊雕像中没有一个看上去像非洲人。其实自梅尔加尔时代以后，没有任何考古专家接受他认为特雷斯萨波特斯第一巨像是非洲人的理论。那“奥尔梅克人是非洲人”这个说法怎么会在近来成为人们所关注的一个严肃的问题呢?

在最近就这个问题所做的一次综合性的研究中，加百利·哈斯利普·维埃拉和他的同事对这个问题，想顺藤摸瓜，一直查到了伊万·凡·塞尔蒂玛的作品，特别是他的那本《他们先于哥伦布到达美洲》的书。凡·塞尔蒂玛不是考古学家，但他认为：早在哥伦布航海以前，非洲“黑人”就无数次乘船到达了美洲，而且创造出或者至少极大地影响了最早的中美洲文明和南美洲文明。虽然没有哪些学者将此说法当真，但是它们已经成为北美大陆上当代“非洲中心论”运动的中坚神话。按照哈斯利普·维埃拉的理论，即“非洲中心修正论”的历史观认为：全世界的早期文明，包括古代的埃及、古代美索不达米亚、印度、中国、欧洲以及美洲，都是由“黑种人”创造或者激发的。

凡·塞尔蒂玛和其他作家，引用了五条基本证据线索来支持他们的说法：“旧世界”里多个时间和地点的书面文献，奥尔梅克巨像上描绘的“黑人”特征，奥尔梅克土家同埃及与努比亚的石头金字塔在建筑学上具有的一致性，某个半球的土生土长的植物被发现在另一个半球，以及美洲人也有制作木乃伊的习俗。哈斯利普·维埃拉和他的同事详细调查了每种说法的证据，对每一种说法都进行了反驳。

由于奥尔梅克人在中美洲文明的起源中所扮演的特殊角色，难怪非洲中心论者将19世纪专家奇异的想法加以复活来支持自己的观点。具有讽刺意味的是：他们也巩固了同一时期同样错误的种族主义者思想，就是认为美洲土著属于低人一等的地位，不可能像古代“旧世界”的人民那样对文化进行重大的发展。

龙游石窟之谜

1992年6月9日，浙江龙游县小南海镇石岩背村的吴阿奶与其他三个村民，动用四台抽水泵连续17个昼夜，将凤凰山下一个地下洞的水抽干时，发现洞下竟是一处庞大的地下工程。这就是被观者惊呼为“旷世奇窟”的龙游石窟。

拥有良渚、河姆渡文化遗址的中国浙江，历史悠久、人文荟萃。在其境内的钱塘江上游，衢江、灵山江交汇处，有个并不起眼的小县城，县名龙游。县虽小，但其历史可上溯至春秋时期，当时叫姑蔑，迄今为2500余年，堪称浙江省第二大古都。龙游石窟便位于该县城北3千米处的一个临江小山中，当地人称此山为“童坛山”，方圆不过数里。

经考证，龙游石窟是一处规模极大的地下石窟群，估计共有石窟近80座，面积上百万平方米。由于许多石窟内装满积水，只能通过向水下发射超声波的方法探测，经确认其中最大的石窟面积达10000平方米。从已经发掘出的5座石窟来看，洞身宽敞，洞高30多米，四面的洞顶呈45度斜坡，由4根粗壮的石柱支撑着。洞内四壁自上而下平整，凿痕清晰。整个石窟如同一个经过精心设计加工的产品，建造水平很高。遗憾的是，洞内没有任何文字遗留，只是在洞壁上有一些奇特的符号和图腾，如马和鸟等。

较典型的二号洞是一座厅堂式建筑，由于发现时间不长，洞中尚有6米多厚的淤泥没有清理。经测量，该洞面积1200平方米，洞厅用4根刻有鱼尾状花纹的石柱作支撑，其中最粗的一根需要几个人才能合抱过来，洞中还有一个20平方米左右的蓄水池。整个洞穴雕刻精细，赏心悦目。据有关专家考证，造型精美的龙游石窟为人工所凿。

在二号石窟的洞门一侧有个20多平方米的水坑，这是洞内唯一存水的地方。勘探人员在水坑里装上了水泵，当水面升到一定的高度，水泵会自动开启，把水排到洞外。但这是现代人的设计，还是完全依靠电力设备来完成，而古代人在开凿石窟时，是靠什么方法来把洞内的水排到洞外的呢?究竟是什么人，出于何种需要建造了如此精美的石窟呢?他们又是什么时候建造的呢?为何现存史料上没有记载呢?

有人认为，龙游石窟是古代越人所造。因为全洞的形状、开凿方法、图案刻画风格等，明显属于汉代，尤其在一号洞上端发现的一幅马雕刻画，刻画的风格、技法与汉代的马雕刻非常相似，而在马的下方有一只鸟，更有汉魏时期古越族所崇尚的图腾。

也有人认为，这些符号是甲骨文之前的象形文字，并据此判断，窟是比甲骨文字出现更早的史前时代的产物。然而，开凿80座石窟，工程之难可想而知，并且在几千年前，当初的开凿者是如何解决诸如设计、照明、运输废料之类的问题，又是用什么工具来切割石窟的洞顶和洞壁的呢?这一切都不得而知。

有考古专家据韩愈撰写的《徐偃王庙碑》记载提出，龙游石窟是古代帝王的陵墓或皇宫、储藏室。但是，作为皇陵或宫殿是皇室成员起居安息之地,为什么石窟中没有留下半点皇族的随葬品或宫中遗物;既然是皇陵或皇宫,理应对如此宽敞的宫殿作适当的分隔,如百官朝拜的龙庭、帝王起居后宫、将士卫兵住处等,而石窟中空空如也,毫无遮挡之痕;如果是皇宫,就有一班前呼后拥的人马,必然会有人间烟火的遗迹,而石窟的顶和壁却依然如新;石窟上下阶间距很大,运输进出都很有一些难度,难道不考虑水火、地震或其他因素引起的灭顶之灾吗?

有专家认为,龙游石窟是古代人采集石料而留下来的废弃洞窟。但是,采集石料最安全、最经济的方法应该是露天作业,何必要精心设计如此的方式进行地下挖掘?何况石窟内石料属红土沉积岩,裸露在外的岩石很容易风化,如此容易风化的石料,又何必花如此浩大的工程去开采?地下作业需要一定的设备和条件,如挖掘设备、采光设备、搬运设备等,当时是如何解决的?为什么没有留下任何痕迹?既然是采石废弃的洞窟,又何必要如此规则的修饰呢?

有专家提出,龙游石窟曾经是越王复仇的练兵屯兵之地,理由是怕被奸细发现,故挖地下石窟进行备战。但是,挖掘石窟并非一朝一夕之事,必然要花费大量的时间,三年五年也未可知。要把经年的大好时间用于挖洞,又用数年的时间进行练兵,岂不消耗本来已弱小的实力?因担心奸细告密屯兵而挖,难道就不担心奸细破坏造成窟毁人亡的悲剧?在石窟屯兵无法自然采光,人工采光又没有留下烟火痕迹;屯兵地必须道路通畅,进出便捷,这是兵家常识,而石窟上下只有通道一条,台阶间距有3米,如何体现兵贵神速的策略?既然是屯兵练兵,总会有一些冲冲杀杀的场面,难道会连一点损伤的痕迹都没有吗?

UFO研究者根据实际考察,提出龙游石窟是外星文明留下的遗迹。但是,如此浩大的工程项目该有很多外星人或设备参与作业,能有如此多的外星人来到地球吗?并且从整体看,石窟挖掘非常规则,凿痕整齐

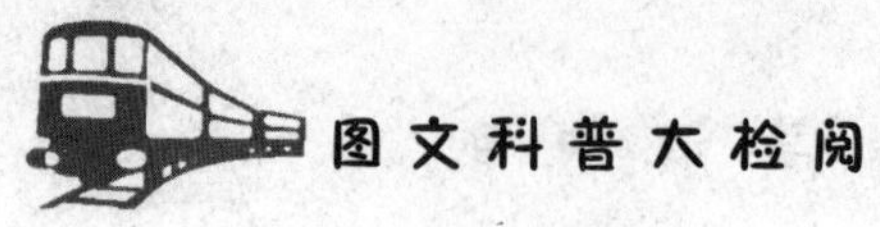

划一,外星人必然利用先进的挖掘设备作业,可是仔细观察,凿痕也有细微的变化,与其说肯定是大型挖掘机械之功,还不如说出于能工巧匠之手;外星人挖掘石窟的目的何在?如果为了居住而挖掘如此工程,倒不如自己携带材料建造地球考察站更经济安全。如果是为采集地球元素而作,又何必搞得如此规则精细呢?如果是为给地球人一点馈赠,挖掘如此数量的地球石窟,倒不如挖一两个石窟再赠送点更有实用价值的东西,才更能表达外星人的意思。

总之,诸多说法,不一而足,但很难说有多少可靠的依据。江浙一带是我国历史上开化较早的地区。龙游地区周围也的确不乏名山古迹,在建德县的乌龟洞,中科院古人类研究所曾发掘出一枚距今约5万年的古人类右上犬齿化石;金华县的双龙洞洞中有洞,冰壶洞洞中有瀑。连这些大自然的奇异造化,历史上也都有记载,但对于龙游石窟来说,在任何历史典籍中都没有记载,哪怕只是片言只语。也许真如有人所说,龙游石窟是史前时代的产物,不然何以无史料可查呢?

吴哥窟探寻

吴哥(Angkor)一词源于梵语Naganr,意为“都市”,是9至15世纪东南亚吉蔑(今高棉)王国的都城。

吴哥窟离暹丽约6千米,占地约208公顷,是世界上最大的宗教建筑物之一,是柬埔寨人最大的骄傲。

据历史记载,建造吴哥窟的是神勇善战的高棉国王苏利亚瓦尔曼二世。他于1113年即位后便积极开疆拓土,兴兵占领邻国国土,领地跨越马来半岛东海岸等地。苏利亚瓦尔曼二世建造吴哥窟是为了供奉兴都教的维希奴神。由于维希奴神的代表方向是西方,所以吴哥窟是吴哥古迹里少数大门朝西的建筑。由于西面也代表死亡,高棉人还把吴哥窟称为葬庙。

在建造吴哥窟期间,苏利亚瓦尔曼二世动用了全国最好的工匠、彩绘师、建筑师及雕刻家。经历了37年的漫长岁月,吴哥窟终于完工。整座建筑以大石一块块砌成,没用石灰水泥,更没用钉子梁柱,充分展示出了古人的建筑巧思。

1850年,法国传教士布耶沃斯在柬埔寨稠密的丛林中艰难行进时,偶然发现了这座古城遗址。布耶沃斯记载道:“我发现了一座庞大的遗址,它看起来像是一座王宫。”

1861年,法国博物学者亨利·穆奥为采集一种珍奇的蝴蝶标本来到了柬埔寨。他乘小船沿湄公河上溯,来到洞里萨湖。在那里下船后,雇了4名柬埔寨人,穿过丛林向纵深进发。但4名柬埔寨人却不很情愿踏上旅途。原来他们听说,再往前走,就是“鬼魅横行的世界,它们将会使人迷途,并用一种可怕的热风将人们全部杀死”;还听说“密林深处有一座特大的城堡，因为恶魔的诅咒已数百年人烟皆无……”一时间，亨利·穆奥好奇心陡起，他要亲眼看看这个神秘的大城堡，便说服那4个人同他一起向密林深处进发。正行进间，他们依稀看见了5个塔尖。亨利·穆奥一行欢呼着朝塔尖方向进发。越往前行，塔的形状越清晰。待到近前，一座庞大的古城遗迹尽收眼底。这就是有名的吉蔑王国都城吴哥。

吴哥王城的建筑富贵堂皇，吴哥窟的建筑可分东西南北四廊，每廊都各有城门。从西面进去，经一段长达约600米的石板路后方是正门。吴哥王城内有宫殿、图书馆、浴场、回廊等，精美的雕刻也几乎完好无损。吴哥王城方圆10平方千米，俗称大吴哥，是高棉帝国的最后一座都城。它由边长3千米、高7米的城墙围住，各边中央开一门，东边还多开一个“胜利门”。王城中央有座四面塔，雕刻在塔壁上的菩萨有4种面孔，饶有意趣。王城的北门前，矗立着怀抱大蛇的巨人石像，右面的是“恶神”，左面的是“善神”。王城南面1000米处，有座建筑宏伟的寺院，这是吴哥寺废墟，位于今天柬埔寨首都金边西北约240千米处的洞里萨湖附近。吴哥城的布局与印度教中的宇宙中心说一致，巴云寺中心的塔象征着神山，位于宇宙中心，城内的其他建筑则象征着天与地，城墙是世界的边缘，而护城河则是世界之外的海洋。

亨利·穆奥后来写道：“那比古希腊和古罗马留给我们的任何东西都更为壮观，你无法想象在世界上一个最偏僻地区的密林深处，不知从什么地方搬来了一座座最美丽的建筑物。”

吴哥寺坐落在东西长1400米、南北宽820米的院落之中；周围有长5.6千米、宽20米的长壕环绕。是谁，在什么时代，出于何种目的修建了这座都城寺院呢?这么精美的建筑，为何被隐没在莽莽林海中呢?它又是怎样衰落的呢?

据考古学家考证，9世纪初，柬埔寨人的祖先、高棉族的贾牙瓦尔曼二世从东南亚来到了这里，统治了相当长一段时期；12世纪初，苏利亚瓦尔曼二世建造了吴哥寺；12世纪至13世纪，贾牙瓦尔曼七世修建了方圆12千米的吴哥王城，并挖掘了两个灌溉用的蓄水池。据说东蓄水池宽1.8千米，长7千米；西蓄水池宽2.3千米，长8千米，是当时世界上最大的人工蓄水池。从吴哥王城的规模推断，这里最繁盛时期，至少住有200万人以上。

传说，公元1171年，吴哥遭到邻国洗劫后，国王耶跋摩七世对印度教主神的保护力失去信心，于是吉蔑人全体放弃了印度教，转而皈依佛教，采纳其放弃暴力、信奉和平的生活方式。这种宗教信仰的改变导致的结果是，傣族军队在公元1431年未遇任何抵抗便占领并洗劫了吴哥。

佛教传说，吉蔑国王被祭司之子触怒，便将其淹死在洞里萨湖中。天神愤怒而替祭司之子报仇，令湖水泛滥，因而摧毁了吴哥。虽然这仅仅是神话传说，但洞里萨湖在季风季节确实容易暴发洪水，吴哥城被洪水毁灭的可能性极大。

有人认为，可能是当时流行鼠疫、霍乱之类传染病，没到一个月，200万居民全部死绝。

也有人说，由于发生了内讧，居民互相残杀，死伤殆尽，空留下这些伟大的建筑。

还有人认为是敌军突然占领了全城，200万人被悉数沦为奴隶并带走。

可是，即使如此，总该留下些痕迹吧?然而吴哥遗址并未见任何人为的破坏和毁灭，既没战争痕迹，也未见尸骨累累，一切都似乎消失于自然之中。

据专攻柬埔寨古历史的C.克劳斯说：“吴哥亡国原因在于奴隶的反抗。他们用各种办法杀尽了王公贵族及其子女，然后放弃了这块土地而转移到别处去了。”

吴哥窟留给人们无尽的神秘。

中华姓氏起源探寻

芸芸众生,以姓名区分彼此。我们祖先的姓氏从何而来,其中又有什么不为人知的隐秘呢?

汉高祖刘邦与西楚霸王项羽楚汉战争时期,娄敬能言善辩,心思缜密,为刘邦出了不少力。刘邦在夺得江山后,与朝臣们商议建都大事。大臣们多是东方人,都建议刘邦建都洛阳,只有娄敬力排众议,建议刘邦要以江山为重,应建都长安,以扼天下形势之咽喉。刘邦认为娄敬所言正确,便采纳了娄敬的建议,决定建都长安,而且还要赏赐一片忠心的娄敬。当刘邦笑着问娄敬想要什么赐物时,娄敬曰:“臣欲刘姓。”刘邦龙颜大悦,特赐娄敬改姓刘,名刘敬,刘敬亦大喜。

姓氏是人的血统渊源的标志,中国漫长的封建宗法制传统,决定了中国人对自己的血统特别看重,上面的故事中娄敬宁可不要千金赐物,也要一个皇室姓氏,也说明了娄敬把姓氏看得比什么都重要。中国人的姓氏繁多,仅《百家姓》已不足包容所有了。那么,这么多的姓氏,是从何而来呢?在我国古代的一些书籍中,自黄帝时期便有了姓氏的记载。而研究姓氏学问的著作也很多,宋代郑樵在《通志·氏族略》中,将姓氏的来源归纳了三十二类之众。姓名由两部分组成:姓在前,名在后。姓有单姓、复姓之分;名则为一字或两字即可。姓一般随父,名则可任意取。现在,人一出生就取名,然后将其姓名注册在户籍上,如同渴了要喝水,饿了要吃饭一样,顺理成章,成为“例行公事”。然而,在古代的中国,这个简单的姓名就复杂多了,严肃多了,蕴含了深厚的文化内涵。它与社会的等级结构紧密关联,突出地表现着门第观念、宗法观念。姓不能随意姓,名也不能随意取。甚至出现了“有姓有名”、“有氏有名”、“有名无氏”、“无姓有名”、“有姓无名”、“数字为名”的奇怪的现象。

古代,姓是一种族号。它是血统的标志,家族的徽章。有姓的人,都是贵族。

姓是怎样产生的呢?

姓与古代的图腾崇拜有关。古代的氏族部落都是以血缘关系组成的。这些氏族认为自己起源于某种动物或植物,于是就崇拜它,这就是“图腾”。图腾,就是这个氏族的姓。如:熊、马、牛、龙、梅、林等。因此,姓是全族共有的符号标志,也是全家族的族号。如周代初期分封诸侯时,那些诸侯国君,大部分都姓姬。不是姬姓家族的人,根本不许姓姬。周礼还规定,“同姓不通婚”。

因此说,当时的“姓”用于“别婚姻”。氏是姓的分支。氏和姓有着严格区别。

氏是怎样产生的呢?

随着同姓贵族后世子孙的繁衍,居住地区也日益分散,同姓的氏族便出现了不同的分支,于是每个分支又各有称号作标志,这个分支的称号就是“氏”。如,姬是周代祖先的姓,后来姬姓下面又分为孟氏、季氏、孙氏、游氏等。

这个“氏”别贵贱。

贵者,有氏有名。

贱者,有名无氏。

因为贵贱之势变幻无定,所以,“氏”是可变的,而且变化很大。如春秋时楚国的伍子胥,原来以“伍”为氏,但他在吴国被杀之后,他的儿子逃到了齐国,由贵到贱,改为“王孙”氏了。

氏因变化频繁,其来源也就复杂了。

以官名为氏:史、司马、司空、司徒……

以先人别号为氏:唐、夏、殷…

以封地为氏:鲁、宋、卫……

以先人谥号为氏:庄、武、穆、宣……

以居住地名为氏:郭、池……

以从事职业为氏:陶、屠、巫、卜……

这许许多多的"氏",发展到后来,实际上也就成了今天我们所说的"姓"了。

先秦时期,男子称氏者居多。以商鞅为例,曾称其为"公孙鞅"、"卫鞅"、"商鞅"。

"公孙鞅":因其祖有公爵,以"公孙"为氏。

"卫鞅":他原为卫国人,入秦之后以国名为氏。

"商鞅":他因助秦孝公变法,被封于商邑,又以商为氏。

周代女子多称姓,不称氏。以晋公子重耳娶的三个妻子为例:

娶齐女,称"姜"氏;娶秦女,称"怀嬴";娶狄女,称"季隗"。这里的"姜"、"嬴"、"隗"都是姓。之所以不称氏,是因"同姓不通婚"。男子的姓不辨自明,而娶妇必辨其姓。

到了汉代,姓氏逐渐合一,任何人都可以有姓,姓也就没有了贵贱之分。

古代不论按分封、按宗法、按贵贱,有姓的人,都有名,有氏的人,也有名。而普通平民是"有名无姓"的。例如,先秦的"庖丁"、"鲁班"、"优孟"等人都是平民百姓,因此他们只有名。如:

"庖丁","庖"是他的职业,厨师,名"丁","庖丁"即"叫作丁的厨师"。

"鲁班","鲁"是所在国名,名"班","鲁班"即"名为班的鲁国人"。

"优孟","优"是演员,"孟"是名,"优孟"即"名为孟的演员"。

除姓名之外,古人还常常有"字"和"号"。先秦时期,名与字连着称呼时,通常是先称字,后称名。

如孔子的父亲,人称叔梁纥,其实他既不姓叔,也不姓梁:他确实姓孔,名纥,字叔梁。

此外,名与字在称呼时,还能体现出尊卑、长幼的区别。"称人以字,自称以名"是谦称的规范。即,称长者、尊者只能称字,不能称名;称卑者、幼者或自称可称名。

中国历史上,取名还有一个特例:元朝规定,庶民无职者不许取名。这样一来,许多平民,特别是穷苦百姓只好以数字作为自己存在的符号了。如:明太祖朱元璋出身贫苦,他就原名为"重八",其父为"五四";名将汤和的曾祖叫"五一",祖父叫"六一",父亲叫"七一"。

在名字上的等级何其森严!

然而,当元朝衰败,各地起义军揭竿而起的时候,那些成千上万没有名字的"无名氏",则成了元朝统治者的掘墓人。

中国人的姓名变迁到今天的样子,无疑是历史的进步!

“海神”妈祖之谜

妈祖，原名林默，后人尊她为灵女、龙女、神女，民间习惯上又称她为妈祖，是宋代福建莆田湄洲的一位传奇式人物，也是世界闻名的中国“海神”。

相传妈祖出生在北宋建隆元年(960年)三月二十三日。父帷悫，讳愿，五代闵帝时任都巡检(负责沿海治安巡逻的官员)，母王氏，生一男六女，妈祖即为其最小的女儿。自出生至满月，不闻哭声，因此取名为默。妈祖自幼聪颖不凡，8岁时进私塾读书，过目成诵、进步非凡。10岁时即信佛焚香念经，早晚不懈。13岁时常有一位老道士玄通往来其家，对林默说：“你具仙骨，应得度人正果。”于是授以“玄微秘法”。经依法修炼，均能领悟要旨。16岁时“窥井得符”，通灵变化，能为人治病，并常渡海救助遇险船只，于是闻名遐迩，人们尊她为“通贤灵女”。13年后，即宋雍熙四年(987年)丁亥秋九月初九日，妈祖28岁，别诸姐上湄峰最高处，白日升天而去。由于神话传说中的妈祖生得神异，聪明过人，虽出身于仕宦之家，然却颇善于驾舟泅水，勇毅超群，以行善为乐。她一生中在大海中奔驰，救急扶危，在惊涛骇浪中拯救过众多渔舟商船，且立志不嫁，慈悲为怀，专以行善济世为己任，因之受到沿海一带渔民世世代代的爱戴与崇敬。

不过，有人根据史籍方志所记，妈祖“以巫祝为事”，“妃为里中巫”等，来证明妈祖实为民间巫女，并非都巡检之女。也有的认为妈祖的父母，正史中无明确记载，妈祖实际上是普通民女的神化，把神的出身和血统高贵糅合起来，是后人提高对神灵尊崇的结果。还有人主张妈祖有如此广大神力，显然非普通女子所能，妈祖后来被封为天妃、天后，实即为水神、地底的代称，不必认为确有其人。按周立方先生的研究，妈祖应是个普通劳动人民的女子，由于她的舍己救人和无私奉献的高贵品质，而受到广泛的尊崇；更因其心地善良、智慧超群，关心乡里疾苦，好行善事，抢救海难，奋不顾身，而赢得了人们的爱戴。封建统治的压迫，社会的动乱不安，是妈祖传说被逐渐美化、神化的社会根源；同时，兴化(莆田)地区文化发达以及宋代的奉道抑佛，也是妈祖传说产生的文化背景。湄洲岛屿，介于福州、泉州之间，为海道要冲，拯救海难、解人危厄的妈祖，正是适应了这种需要而产生的，其死后被尊为“海神”，也就不难理解了。

蔡尔鸿先生认为，宋朝泉州、莆田航海十分发达，湄洲也曾是一个重要港口，然因海上航行具有一定的危险性，于是企求神灵保佑的安全心理，更成为人们的迫切希望，妈祖信仰因之应运而生，成为海上航行的保护神。在宋代，道教曾一度占上风，阴阳学说在民间很流行，而阴阳学说则认为“天属阳，地属阴，水在地上也属阴”；又“男属阳，女属阴，水神应为女性才合适”。正是在这种阴阳学说思想的影响下，人们认为水在地上属阴，故水神自然是属阴的女性，富有传奇色彩，以拯救海难为怀的妈祖正中其选。宋代朝廷，为进一步统治人民，推行封建迷信这一“麻醉剂”，利用民间信仰，加予赐封，从而使原先只在莆田地区沿海建庙信仰的妈祖崇拜，得以公开推广扩大开来。特别是北宋宣和四年(1122年)，路允迪奉使高丽安然返国后，船中有莆田人李根向朝廷奏陈系妈祖显灵相助，请求封赐，于是宋廷即赐封妈祖顺济庙额，使妈祖得到了公开承认与推广，逐渐成为全国性的信仰。这其中的推广发展媒介，除来自朝廷的不断加封，达官显贵与富豪的献地立祠创庙外，还有如下传播媒介：

首先是船员、渔民和海商。妈祖既是一位公认的海神，故凡与海有关系的人们，就必然是妈祖信仰的虔诚信徒，在科学不甚发达的当时，海上航行对神灵的寄托祈祷，以满足精神上的需要，是人们的普遍心理。故船员、渔民、海商足迹所至，就会建造更多的妈祖宫庙，出现更多的妈祖信徒。如创建于元泰定三年(1326年)的天津天妃宫，后来竟成为全国三大天后宫之一。明代以后，妈祖信仰更进一步向我国沿海地区，甚至海外各地传播，如美国西太平洋的檀香山、旧金山也都建有妈祖宫庙。郑和下西洋、郑成功开发台湾，均有大批船员是妈祖信徒，这也就是对外传播的媒介。清代，地处海岛的台湾商人，在取得一定经济实力之后，也认为是海神保佑的结果，因之捐资兴建天后宫，遂成风气，越建越多，建筑也越来越壮观。

其次，封建王朝的褒封和上层人物的推崇，更是妈祖作为中国海神得以迅速推广的关键。从妈祖诞生的宋代起，经元、明、清历代帝王的数十次褒封，如南宋王朝褒封妈祖尊号就达14次之多。妈祖从“夫人”、“天妃”、“天后”，直到“天上圣母”，并列入国家祀典，如无封建统治者的这般极力推崇，妈祖崇拜显然难以推广。正如台湾学者林明峪先生所说：这种受帝王尊崇、上行下效的结果，使妈祖的信仰圈子更为扩展，造成更广大的香火气象，而无人不知无人不晓的局面的形成，实有赖于帝王的带动作用。

再次，华侨也是妈祖信仰向海外传播的媒介。众所周知，福建华侨人数众多，他们远涉重洋到国外经商谋生，均得冒生命危险，才能到达目的地，于是祈求神灵保佑旅途一帆风顺，乃是大家的共同心理，妈祖自然会成为他们海上航行的保护神。华侨一旦经营发家致富，均认为是妈祖神助的结果，于是建庙祭祀自不待言，华侨无形中也就成为妈祖信仰向海外传播的天然使者。在马来西亚，据不完全的统计，就有天后宫35座，时至今日，香火还很旺盛，尤其是1985年竣工的吉隆坡天后宫，费时五年，其建筑之壮丽，堪为全马来西亚建筑之冠。再加上林氏宗族成员迁居海外后的积极传播，妈祖信仰更达到登峰造极的地步。如台湾的妈祖庙共有500多座，大多与林氏宗祠设在一起。日本鹿儿岛片浦的妈祖神像，相传也是明末莆人林北山从湄洲祖庙请去的。

特别是近几年来，我国台湾、港澳同胞、海外侨胞又再次掀起了“妈祖热”，纷纷不远万里上湄洲岛朝圣行香、旅游观光，每年人数多达十万人次以上。加上明清以来，我国沿海北到京、津、鲁、江、浙、沪，南到广东、海南所建的众多妈祖宫庙，遂使妈祖成为统领四海的最高海神，她的名字又伴随漂洋过海的侨胞传到世界各地，使妈祖成为颇具世界影响的中国海神。

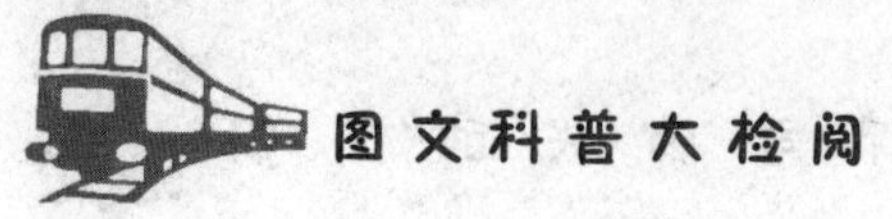

三星堆文明探索

发现

现在的三星堆，早已名扬天下，但在80多年前，它不过是成都平原上一个极普通的村落而已，人们日出而作，日落而息，浑然不知在自己的脚下，沉睡着一个巨大的秘密。

在成都平原的广汉县城西约8千米处中兴乡(今南兴镇)有一座被称为“三星堆”的村庄，这里双河并流，北面鸭子河缓缓流过，南面马牧河从村边盘桓而去。在马牧河南岸原有三座黄土堆，像三颗星星一样，分布在东南面，它们什么时候有的，曾经用来做过什么，当地人谁也不知道；在马牧河北面有一高出地面如同月牙似的地段，叫月亮湾(今真武村)，与三座土堆隔河相望。虽说算不得什么了不起的风景，但在丰饶的田野、碧绿的河水映衬之下，也有几分风致，自古被文人雅士形象地誉为“三星伴明月”。

1929年，正是春播大忙季节，月亮湾农民燕道诚祖孙三人，在离家不远的地沟边挖坑，准备安放水车，挖着挖着，只听“砰”的一声，锄头碰在一块石头上，挖开泥土，出现了一块白色的石环，撬开石环一看，竟然是一堆绿莹莹的玉器!三人一时都惊呆了，祖父燕道诚毕竟见多识广，首先回过神来,四顾无人注意,连忙吩咐将石环盖好,依旧填上泥巴。当晚深夜,燕家全体出动,七手八脚挖出那堆宝物,一数竟有各种玉器和玉料400余件。这堆宝物实在太多太值钱了,燕家人狂喜之余不得不郑重考虑如何将它们安全保存,以避免各种意外。当天晚上,他们将玉器分散埋在屋外多处地方。

4年后,燕道诚见没有动静,才零零星星地拿出来赠送变卖,并极力向世人隐瞒真情。他们不知道,他们的身后已打开了一个宝库的大门,而且再也不可能关闭了。

这些价值连城的出土玉器一上市,成都的古董市场立即闹得沸沸扬扬,有的古董商打听到玉器出自燕家,纷纷上门搜求;也有的古董商为了赚钱,伪造了赝品出售,一时间,古董市场的"广汉玉器"炒得炙手可热。

广汉出土玉器的上市,立即引起了考古学家的关注。从1933年开始,考古学家们对月亮湾陆续进行了挖掘,根据大量玉器的发现,他们推测,月亮湾三星堆一带是古蜀国的一个中心都邑。大规模对三星堆的发掘是从1980年开始的。曾共同构成"三星伴明月"的三星堆,在这个时候,仅仅剩下半个,三星堆早已成为了当地砖厂制砖取土的地方。

1980年,南兴镇二砖厂在三星堆坡地取土时,挖出了大量陶片和少量石器。得知这一消息,当地文化馆的工作人员立即报告了省文管会,同年10月,省文物考古研究所的工作队进驻三星堆遗址,至次年5月,发掘出了陶器和石器数百件,同时第一次在成都平原上清理出商周时代有西蜀特色的房屋基址18座、灰坑3个和墓葬4处。1982—1984年,又在这里找到了更晚的文化层。

至此,对"广汉文化"的考古正在逼近它迟迟不肯面世的最大隐秘处,但是,考古学界似乎浑然不知。在他们看来,对月亮湾和三星堆的考古发掘,固然已有很大成绩,肯定了从新石器时代到商周,成都平原也是人类活动频繁的地区，将西蜀文化的历史从以前的春秋战国时代推前了一千多年。但是，没有城市遗址、没有大型青铜器、没有文字，这些作为文明社会基本标志的东西统统没能找到。而发掘出来的东西又似乎在告诉人们，这里虽然地方色彩较浓，但仅仅是一个受商周文化影响的地区而已，其文明程度还大大落后于中原地区。太多的遗憾笼罩在考古工作者们的心里，以至于在1986年出版的《中国大百科全书·考古卷》中根本找不到“三星堆文化”这一名称。

震惊天下

震惊世界的这一天终于来到了。1986年7月18日上午，在考古队划定的发掘范围之外，砖厂的工人们正在挥汗取土，突然“砰”的一声，什么东西被挖碎，碎块向四周溅去，一个工人拣起来一看，失声道“是玉!”原来是一块40厘米长的玉璋被挖碎了。考古队闻讯赶到，立即封闭了这个地方，并在当地民兵和公安人员的协助下，开始了昼夜发掘。时值夏天，白天烈日当空，夜晚蚊虫密集，坚强的毅力战胜了重重困难，7天7夜过去了，7月25日凌晨2时30分，一根黄金手杖出现在人们眼前——奇迹终于发生了!

这根手杖长1.42米，纯金卷包，重约500克，上面还雕刻着人头、鸟、鱼形图案，这在我国考古史上是首次出现的!考古工作人员顿时兴奋起来，他们预感到还将会有更多让人不可思议的发现。尽管人们已疲劳不堪，但速度却明显加快了。又是几个昼夜过去了，一座宝库终于被打开了：在长4.6米、宽3.5米、深1.64米的1号坑中，埋藏着400多件珍贵文物，除玉器、青铜礼器、兵器、象牙等物品外，最让人吃惊的是，那些与真人头部一样大的青铜头像，与真人面部相当的青铜面具，而且还有黄金面罩，这可是在中国考古史上从来没有发现过的，而且这些青铜头像和面具长相之奇、造型之怪，在世界考古史上也见不到类似的。

面对这些见所未见、闻所未闻的头像、面具，考古学家们迷惑了：它们从何而来?为什么是这等模样?它们不仅不像我们亚洲蒙古人种，而且不像全世界任何一个人种或者动物，好多人不由产生一种骇人的想法：莫非这说明创造三星堆文明的竟然是外星人?

人们的惊恐还没有过去，不到一个月，在距1号坑二三十米的地方，又发现了2号坑，值得一提的是，这次最早的发现者仍然是那些取土的工人。2号坑长5.3米，宽2.8米，深约1.55米。这次的发现更为惊人，有一尊2.62米高的青铜人像，还有复原后达数米高的青铜树，一大堆价值连城的黄金面罩，以及巨大的青铜面具、青铜头像、铜鸟、铜鸡、铜蛇、玉器等，其品种和数量都超过1号坑，特别是青铜人像和青铜树，更是我国考古史上所没有的。1988年以后，对三星堆遗址内的土埂进行了全面的调查和试掘，取得了更大成果，它表明三星堆遗址是被城墙环绕的，现存总面积2.6平方千米，如此规模的城市，在当时可以说在全世界都是罕见的。

三星堆文化的出土让人们发现了一个从来没听说的事实：它表明距今4500年至3000年左右，这里存在着一支独特的文化形态，它既不同于以鼎鬲等三足器为代表的中原文化，也不同于以彩陶为代表的西北文化。中国乃至整个世界的考古学界为之无比兴奋，各大报刊也相继报道，“世界奇迹”，“无与伦比的东方艺术”，“比兵马俑更加非同凡响”，惊叹与赞誉纷至沓来，真可谓“沉睡数千年，一醒惊天下”。

难解之谜

发掘并不是目的,考古学家必须对他们的发掘进行确证和解释,让它们转化为切实的历史和文化图景,然而,历史已不会说话,当考古学家面对的是没有任何人见过的、冰冷的文物时,应如何去解释呢?我们既有的知识体系是唯一可以借用的工具,而且我们坚信如果我们研究的对象确实是人类的创造物,那么我们靠人类社会有史以来积累的知识是能够作出正确的理解和解释的。让考古学家迷惑的是,在运用知识进行解释时,往往同时产生几种不同的答案,而且每种答案都有合理性,那么,哪一个是客观的事实呢?

三星堆文化留给我们许多难解的谜,让我们来看看考古学家是如何解答的吧!

埋葬坑之谜

三星堆绝大部分重要的文物都来自于编号为1号和2号的两个埋葬坑,据碳14测定,1号坑距今3400年左右,2号坑距今3100年左右。在清理时,坑中的文物都有明显被火烧烟熏的痕迹,象牙有的地方被烧焦了,玉器有些被烧裂了,而且有的是被打坏的,青铜立人像则从腰部断为两截。

蜀人为什么把这些即使在当时也贵重无比的东西埋在坑里?为什么又要有意识地破坏?比较流行的说法是这两个坑都是祭祀坑,在祭祀天地神灵后,将祭物用火焚烧,然后掩埋;另一种比较流行的说法是,当时政权发生变更，前任国王被另外的部族首领推翻，宗庙被毁，宗庙里的所有神像器具被火焚烧后埋掉，目的是让前朝供奉的神灵断了香火，而不能保佑他们的遗民，自己的江山就稳固了，上古社会朝代更迭时，这种做法非常流行；还有一种同样理由十足的说法是，古代巫术盛行，如果认为神像神器“不灵”，就会打击丢弃和烧毁，以发泄愤怒并刺激神灵；也有人猜测，当时政权交迭，灾祸骤起，这些文物的主人匆忙中埋藏起来，落荒而逃，而后再没能回来，在三星堆发现的玉器也属于此类型。其他说法还有很多，每种说法都有其合理性，让人难以选择。

城墙之谜

三星堆遗址的城墙分东、南、西三面，北面是鸭子河，城墙无拐角，经发掘，城墙断面为梯形，墙基宽40余米，顶部宽20余米，高大厚实。让人不解的是，城墙内外两面呈斜坡，易攻难守，再加上不封闭，北面鸭子河并不湍急宽大，防御更是难上加难，而且根据碳14测定，各段城墙修筑年代不一，就好像这些城墙并不是用来保障安全的。

于是，对三星堆城墙的功能展开了争论，一种观点坚持说是防御用的，但明显疑点太多，难以自圆其说；另一种认为是防洪水用的，但实地一看，靠鸭子河一侧却并无城墙，一旦涨水并无阻挡；第三种观点认为既然不能御敌，又不能防水，只能解释为宗教建筑仪式。一个显而易见的事实摆在我们面前，这就是三星堆的城墙从建筑造型式样到使用功能都与中原京广线一带的城墙不一样。

金杖之谜

1号坑出土的金杖，十分引人注目。金杖的芯是木质的，用黄金包卷，长142厘米，直径23厘米，净重500克。上部刻有一段46厘米的纹饰，有三组图案，分别是两背相对的鱼、两背相对的鸟和头戴五齿高冠的两个对称的人头。这根金杖在我国考古史上不仅是空前的，而且似乎是绝后的，迄今在成都平原和其他地方连一根类似的铜杖都没能找到。

这金杖是做什么用的？如此精致而昂贵的东西，让人不由想到权杖。权杖是权力的标志和象征，在西亚、古埃及、古希腊、古罗马文化中都出现过。如果我们承认它是权杖，那么它仅仅在三星堆文化中出现，是否意味着三星堆文化接受了外来文化——比如说西亚的影响，甚至于三星堆先民中也有从西亚过来的部族？

另外，在承认金杖是权杖的前提下，金杖到底象征什么权力也让人有些纠缠不清。有的说，金杖是蜀王的权杖，代表政治权力；有的说，从杖上纹饰分析，有鸟、有鱼，这是古蜀国的图腾形象，代表宗教权力；也有人认为，这代表了既有宗教权力，也有政治王权，象征了古蜀国政教合一的国家体制；还有人说它根本不是权杖，而是蜀人的宗教崇拜对象。

雕像之谜

三星堆青铜人物雕像是最让人惊异又最有独特性的，在全世界都找不到类似造型，因而可以作为三星堆文化的象征。

雕像共有82尊，包括各种全身人物像10尊，最大者连座通高260厘米，最小者仅高3厘米，有站、坐、跪等造型。人头雕像同真人接近，人头面具最大者通高65厘米，通耳宽138厘米。另外还有数具纯金面罩。

三星堆人物雕像个个有别，但面部神态几乎雷同，庄严肃穆、压抑冷漠，缺乏生气。特别是最大的那个面具，双目向外纵出，呈长达10厘米的圆柱体，双耳奇大，形状如戈，向两边突出，嘴唇一直长至两颊，极尽夸张，可以说是三星堆雕像艺术的代表。正因为如此，三星堆艺术才富于个性，独具魅力。

塑造出这些冷漠宁静得让人紧张的雕像的人们，怀着如何的情感世界我们已不可知了，"天外来客"的猜测也让人觉得太虚妄。现在人们关心的是，他们塑的是什么人?用它来做什么用?为什么塑成这个模样?有人说，人像是代替真人的祭祀品；有人则针锋相对，说人像是蜀人崇拜的神灵，大型青铜直立人像是一代蜀王，纵目人面具则是蜀先帝蚕丛，因为传说中他"纵目"；也有人说，面具主要是歌舞用的道具。至于为什么塑成这样，一些人认为出自蜀人奇情与想象的变奏，抽象与写实的结合；一些人认为，三星堆雕像在中原和古蜀都找不到文化来源，属于突然出现的文化现象，在形制上又和西亚雕像有相近的地方，故是采借外来文化的结果；还有人坚持认为它与中原雕像有一定联系。

文字之谜

上古蜀地，是否存在过独立文字，自古以来就有争议。汉代扬雄的《蜀王本纪》中说，古代蜀王之时，蜀人"不晓文字，未有礼乐"，但是《华阳国志》对此已有疑问。20世纪前期，主张无文字者居多，20世纪中期以来，随着在成都平原上发现的青铜器越来越多，许多青铜器上面都有一些奇怪的符号，主张有文字的人也多了起来，特别是三星堆面世后，人们更加觉得如此发达的文明，没有文字是不可思议的。

三星堆出土的一些陶器上，发现有刻画符号，而且同一种符号有时候出现在不同器物上，很显然，这些不是偶然刻画的痕迹，它表示了一定的意义。问题是，它是文字吗？

有人说它是制作工匠、作坊的标记，或是拥有这些器物的主人的族徽之类，不属于文字；也有人说它应该是一器一个符号，没能构成成行的铭文，没有任何可供释读的途径可寻。还有人觉得三星堆乃至整个成都平原发现的符号种类太少，且极不规范，图形也太繁复，不符合文字的条件；反对者则说，作为表意文字确实理由不足，但是如果是拼音文字的话，就用不着那么多符号了，例如古埃及的象形文字就是拼音文字。

对专家学者来说，还有另外的“七大千古之谜”困扰着他们，也困扰着关注三星堆文明的其他人。

第一谜，三星堆文化来自何方？目前有其来源与岷江上游新石器文化有关、与川东鄂西史前文化有关、与山东龙山文化有关等看法，即人们认为三星堆文化是土著文化与外来文化彼此融合的产物，是多种文化交互影响的结果。但究竟来自何方？

第二谜，三星堆遗址居民的族属为何？目前有氐羌说、濮人说、巴人说、东夷说、越人说等不同看法。多数学者认为岷江上游石棺葬文化与三星堆关系密切，其主体居民可能是来自川西北及岷江上游的氐羌系。

第三谜，三星堆古蜀国的政权性质及宗教形态如何？三星堆古蜀国是一个附属于中原王朝的部落军事联盟，还是一个相对独立的已建立起统一王朝的早期国家？其宗教形态是自然崇拜、祖先崇拜还是神灵崇拜?或是兼而有之?

第四谜,三星堆青铜器群高超的青铜冶炼技术及青铜文化是如何产生的?是蜀地独自产生发展起来的,还是受中原文化、荆楚文化或西亚、东南亚等外来文化影响的产物?

第五谜,三星堆古蜀国何以产生、持续多久,又何以突然消亡?

第六谜,出土上千件文物的两个坑属何年代及什么性质?年代争论有商代说、商末周初说、西周说、春秋战国说等,性质有祭祀坑、墓葬陪葬坑、器物坑等不同看法。

第七谜,晚期蜀文化的重大之谜"巴蜀图语"。三星堆出土的金杖等器物上的符号是文字?是族徽?是图画?还是某种宗教符号?可以说,如果解开"巴蜀图语"之谜,将极大促进三星堆之谜的破解。

到底什么答案最接近客观事实,我们只有等待从地底发掘出更多的东西来验证,而对某一具体问题而言,也许最终仍然是淘尽黄沙不见金的结果,但是,考古学就是这样一门富有魅力的科学,它的魅力在于,在艰难地逼近真理的过程中考古学家们所显示的勇气和智慧。

争论还在继续,但是无可辩驳的事实早已摆在人们面前,那就是,三星堆文化从它的内涵和表现形式上都与中原地区当时的文化差异极大。

超前的三星堆文化

长期被视为直到战国时期才以亡国为代价接受中原文明强制驯化的西南蛮夷之地,居然在商代就具有了与中原同样灿烂的文明,这一明确的结论比耸耳纵目的青铜面具的问世更让世界吃惊。

三星堆古城方圆2.6平方千米,在同一时期内,除商代中期都城郑州商城外，中原地区没有任何城市在规模上能与它匹敌。城市的广阔意味着城市内复杂的社会形式，表明里面的人们生活方式已经不同于乡村。

在三星堆的遗迹中，明显地可以划分出若干片区，有建筑宏伟的宫殿区，有房屋密集的生活区。在房屋遗迹中既有面积仅10平方米左右的平民居住的小房屋，也有超过100平方米、甚至达到200平方米的结构复杂的大房屋；还有生产区，在这里发掘出了成片的陶窑、玉石器作坊、青铜器作坊遗迹，以及残留的成品、半成品原料；再加上兼有宗教功能的城墙，三星堆古城的布局井然有序，脉络分明。

在三星堆周围12平方千米的范围内，还发掘出十多处与三星堆文化面貌相同的遗址群，类似的群落在成都平原上还有许多。

大规模的城市中心以及星罗棋布的乡村群落，表明了由少数人统治多数人，占有社会财富的政府统治模式业已形成，换句话说，标志着国家已经出现。

青铜器的广泛使用也是古蜀国的一大成就。中国制造青铜器的历史可以追溯到夏代，商代后期达到成熟阶段。从青铜器制造的历史来看，最先出现的是武器和工具，然后是生活用器，它们在形制上都是模仿陶、石、木、角等实用器物；种类繁多外表华丽的祭祀礼器，则是在铜冶炼史的高级阶段才出现的，它不仅标志着冶炼技术的长足进步，而且还意味着社会文明达到了相当高的程度。

三星堆出土了总质量超过1吨的青铜器，如青铜雕像群、青铜树、青铜鸟兽等，绝大部分都不是实用性的东西，据专家考证，它们当是礼器。能够将如此巨大的社会财富用于非生产性的领域，说明了古蜀国经济之繁荣，文化之昌盛，国力之强大，三星堆的青铜器不仅在制作形式、艺术风格上与中原青铜器完全不一样，据考证，其冶炼技术也自成体系。

三星堆青铜文化自有起源，并且与中原商文化同步发展。

宗教在三星堆文化中占有极其重要的地位。在先民社会，宗教活动几乎是文化生活的全部内容，同时，又远远超过我们今天文化生活的纯精神意义，既关系到国家社稷的气数，又关系到个人生活的运道。用作宗教活动场所的宏伟城墙，大量作为宗教礼器的青铜器、玉器、金器，古蜀国如此不惜人力、物力、财力，说明他们的宗教具有国教的性质，仪式也是全民参与的。与商代中原发达的宗教文化相比，三星堆文化毫不逊色，而且我们可以看到，三星堆以蚕、鸟、鱼为代表的宗教崇拜体系与中原文化是截然不同的。

现代学者通过分析大量的考古事实，认为上古文化是否进入文明阶段有三大标志：城市、青铜器、文字，或者其中两项再加上大型礼仪建筑。用这个标准来衡量三星堆的古蜀文化，即使我们不纠缠文字问题，也可看出古蜀国已经进入了相当文明的阶段。

有关古蜀国的历史文化材料都出自中原或中原文化占据中国文化主宰地位之后，中原因为文字成熟极早，并且在政治扩张中取得了胜利，因此理所当然地把自己当成了世界的中心，自己是文明的、是礼仪之邦，而除此之外都是蛮夷，是不开化的。以致长期以来，人们都以为中华文明起源于中原，其他地域则是中原文化传播影响的结果。三星堆文化的面世，证明了几千年来，我们都受了周朝人的欺骗，被视为蛮夷之地的古蜀国三星堆比较起同时代的中原文化来，不仅毫不逊色，而且在某些方面成就有过之而无不及。

对历史的诠释

三星堆文明具有自己独特的形态和历史，是独立发展起来的，但是，并不是说它在发展过程中与中原文明毫无关系。

历史上有不少关于古蜀与华夏关系传说的记载，《史记·五帝本纪》中说，轩辕黄帝生有二子，被封于蜀地，其中昌意娶蜀山氏女为妻，生下高阳，黄帝死后，高阳继位，就是五帝之一颛顼，也就是说，蜀山氏是帝颛顼的母家。史载治水的大禹生于西羌，今天岷江沿岸，汶川、茂县一些地方自古相传是大禹的故乡。

传说是否真实可靠现在很难考证，但是，黄帝炎帝部落与蜀人一样都起于西羌却是不可辩驳的事实，发源地的相近本身意味着文化上也会有千丝万缕的联系，何况地理上的障碍并不足以隔绝上古社会顽强的人们，因此当我们为三星堆出土的许多文物与中原文化面貌格格不入而惊异时，也可以毫不费力地发现许多与中原文化相似的证据。

三星堆出土的玉器，如玉琮、玉戈、玉圭、玉璋、玉刀等，多与夏商文化的同类相近；青铜器虽自成体系，有鲜明的个性特征，但罍、尊、盘等的形制又直接仿制于商文化，青铜像以及青铜树上所雕刻的纹饰，如云纹、夔龙纹等都是中原常见的纹饰；陶器中的盉、高柄豆等在形制上与中原文化几乎无别，这些都说明古蜀文化具有开放性和包容性，是在与其他文化交流的过程中成长起来的。

相应的，古蜀文化也渗透到了中原地区，如青铜无胡式蜀戈，考古发现蜀地在商初就有了，而在商代中期才出现于汉中，殷墟与中原其他地方出土的无胡式蜀戈，年代却在晚商及以后，因此可以说它最早发源于蜀；还有三星堆以及成都十二桥同时代的柳叶形青铜剑，到商末周

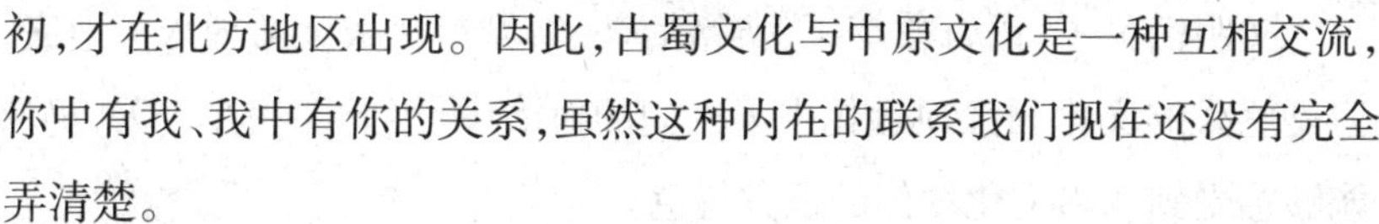

初，才在北方地区出现。因此，古蜀文化与中原文化是一种互相交流，你中有我、我中有你的关系，虽然这种内在的联系我们现在还没有完全弄清楚。

从整个中国文明的发展而论，应该是从多元化走向一体化的过程，古蜀文化和中原文化便是典型的例子。在源头上，它们分头并进各呈异彩，创造了各自值得骄傲的文明。随着文化交流的加剧、经济商业网的渗透以及政治关系的演变和军事实力的变化，到了夏商之时，中原文化取得了主导地位，后来经过西周的分封和东周的战争，中原文化广为传播，其他地域文化走向衰落，文化一体化的格局基本形成，到了秦汉时代，大一统的国家也造就了大一统的文化面貌。

以三星堆为代表的古蜀文化就是在这样的历史背景之下，失去了独立发展的可能性的。尽管如此，在整个文化一体化过程中，古蜀文化并不完全是被动的承受者，它也有反作用，为中国文明的最终形成贡献了自己的一份力量。

文明消失了，语言改变了，典籍散佚了，城市化成废墟埋入了地底，但是悠久的文化顽强地融化进了人们的血液中，因此即使在今天，仍然能够感受到四川文化浓郁的地方特色。

陈旧的中国文明起源于一元论的观点被考古的事实打破，以此为基础而写成的教科书分明已经过时，如何重新描绘远古历史的复杂图景，如何重新阐述中国历史变迁的规律和动力，这是中国历史界面临的一个日益迫切的问题。

考古学改写着历史，也改变着我们的历史观念，更重要的是，它在不断地深化着我们对历史和现实的理解，影响着我们对未来的选择。

巴比伦空中花园探秘

在2500年前,一名希腊经师写下了眩人耳目的七大奇观清单:罗德岛巨像、奥林匹亚宙斯神像、埃及金字塔、亚历山大灯塔、巴比伦空中花园、阿尔忒弥斯神殿以及摩索拉斯王陵墓。这位经师说:七大奇观,“心眼所见,永难磨灭”。这就是所谓世界七大奇观的由来。

巴比伦空中花园(Hanging Gardens of Babylon),当然不是吊在空中,这个名字纯粹是出自对希腊文paradeisos一词的意译。其实,paradeisos直译应译作“梯形高台”,所谓“空中花园”,实际上就是建筑在“梯形高台”上的花园。希腊文paradeisos (空中花园)后来蜕变为英文paradise(天堂)。

巴比伦空中花园是什么时间建造的呢?

一般认为,巴比伦空中花园是在幼发拉底河(Euphrates)东面,距离伊拉克首都巴格达大约100千米,是堪称四大文明古国巴比伦最兴盛时期——尼布甲尼撒二世时代(公元前604至公元前562年)所建。千年古都巴格达曾是阿拉伯鼎盛时期阿拔斯王朝的首都,向来以文学艺术和雕塑绘画著称于世,世界名著《一千零一夜》中许多故事的出处都在巴格达。然而,美丽的巴比伦空中花园究竟在哪里呢?

历史记载,巴比伦是公元前626年迦勒底人建立的新巴比伦王国的遗址,主要由阿什塔门、南宫、仪仗大道、城墙、空中花园、石狮子和亚历山大剧场等建

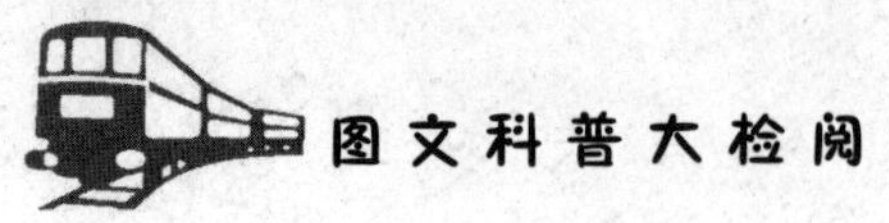

筑组成。遗址一直被埋在沙漠中，直到20世纪初才被发现。而汉谟拉比(公元前1792至公元前1750年)时代的古巴比伦王国遗址，至今还被埋在18米深的沙漠底下。

进入巴比伦古迹区，首先映入眼帘的是鲜艳夺目的阿什塔门，它位于巴比伦城的正东面。但眼前的这座城门却是20世纪60年代建成的一件复制品，原物高4米多，宽2米，上有塔楼，用彩色玻璃砖饰面。门两面雕刻着对称的牛、龙、狮子等野兽图案的浮雕，共有575座兽像，形象逼真，1901年被德国人拆走，复建于德国柏林的贝加蒙博物馆。据说这件复制品无论大小还是图案，都跟原来的一模一样，几可乱真。穿过阿什塔门是一个小院，右侧是以新巴比伦国王尼布甲尼撒二世的名字命名的博物馆。但里面除一幅从德国索回的壁画是真迹外，其他的不是复制品就是王国都城模型和想象中的空中花园和通天塔画卷，从这些画卷可以看出当年巴比伦城的辉煌。巴比伦城有9个城门，建筑面积1000万平方米，人口达30万，是当时名副其实的国际大都会。

从博物馆出来就到了巴比伦王国的主要大街，也就是所谓的仪仗大道。它是巴比伦王国庆典和宗教活动的必经之路，从南至北直达供奉着巴比伦保护神的马尔杜尔神庙和通天塔，约有20米宽，道路中间是残损不全的沥青路面。据说这是世界上最早的柏油路，经历三千多年的风吹雨打，可路面依然保存完好。位于仪仗大道两侧的是内城墙，高大的墙面上至今清晰地保留着一种怪兽的浮雕，它长着马的身子、长颈鹿的脖子、龙的角、鹰和狮子的爪、鱼的鳞，据说这是巴比伦的保护神。根据对这块遗址的实地测量，巴比伦城有两座城墙，外墙原长16千米，内墙长8千米。原来的城墙大多已经残损不整，伊拉克于1978年开始大规模修复巴比伦时，重点就是修复城墙和宫殿。

从仪仗大道往西，穿过几道城门就到了尼布甲尼撒二世执政时的

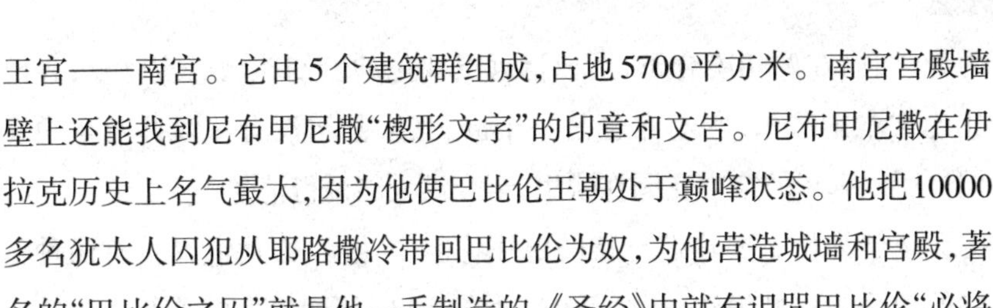

王宫——南宫。它由5个建筑群组成,占地5700平方米。南宫宫殿墙壁上还能找到尼布甲尼撒“楔形文字”的印章和文告。尼布甲尼撒在伊拉克历史上名气最大,因为他使巴比伦王朝处于巅峰状态。他把10000多名犹太人囚犯从耶路撒冷带回巴比伦为奴,为他营造城墙和宫殿,著名的“巴比伦之囚”就是他一手制造的。《圣经》中就有诅咒巴比伦“必将成为旷野、荒芜,无人居住,一片荒凉”的经文。

在宫殿北面外侧不远有一堆矮墙,中间是一个深深的地下室,散发出一种异样的味道,原来这就是空中花园的所在地,阿拉伯语称其为“悬挂的天堂”。据说,花园建于皇宫广场的中央,是一个四角锥体的建筑,堆起纵横各400米、高15米的土丘;共有7层,每层平台就是一个花园,由拱顶石柱支撑着,台阶并铺上石板、芦草、沥青、硬砖及铅板等材料,目的是为了防止上层水分的渗漏,其上种满奇花异草,当人们步入这高耸的空中花园时,眼前只有盛开的鲜花和翠绿的树木,而不见四周的平地;同时泥土的土层也很厚,足以使大树扎根;虽然最上方的平台只有20平方米左右,但高度却达105米(相当于30层楼的建筑物),因此远看就仿似一座小山丘。

历史学家更发表了这样的见解:“从壮大与宽广这一点看,空中花园显然远不及尼布甲尼撒二世宫殿,或巴别塔,但是它的美丽、优雅,以及难以抗拒的魅力,那是其他建筑所望尘莫及的。”

然而这么豪华的“天堂”现在却什么也看不到了,只有一段修复后的低矮墙壁中残留的一小块原址遗迹,旁边有一口干枯的老井。据说这就是当年空中花园的遗存品。但尼布甲尼撒博物馆的馆长说,经过考证,现在仍不能确认这就是真正的空中花园遗址,因为这里离幼发拉底河20多千米,而资料记载空中花园就在河边上。事实上,大半描绘空中花园的人都从未涉及巴比伦,只知东方有座奇妙的花园,波斯王称之为天堂，而在两相凑合下，形成遥远巴比伦的梦幻花园。实际上，在巴比伦文本记载中，它本身也是一个谜，其中甚至没有一篇提及空中花园。所以真正的空中花园在哪里，至今没人能说得清楚。

至于为什么要建造奇特的巴比伦空中花园，古代世界就有两种不同的说法。一种说法是，公元前1世纪中叶，西西里岛的希腊历史学家狄奥多罗斯(Diodorus Siulius)在他的40卷《历史丛书》中提及，“空中花园”由亚述女王塞米拉米丝为供自己玩乐所建。空中花园或许真的曾名噪一时，但塞米拉米丝却实无其人，她只是希腊传说中的亚述女王。

另一种说法，是来自巴比伦祭司、历史学家贝罗索斯 (Berossus，公元前3世纪前期)写过一部向希腊人介绍巴比伦历史和文化的著作，曾提及公元前614年，巴比伦老国王去世，新国王尼布甲尼撒王(Nebuchadnezzar)即位后，迎娶了北方国米提王(Medes)之女安美依迪丝(Amyitis)为妃。而米提是一个山国，山林茂密，花草丛生。自小生长于斯的王妃，骤然来到长年不雨的巴比伦，触目皆是满地黄土，不觉怀念起故乡美丽的绿色丘陵来。她日夜愁眉苦脸，茶不思，饭不想，本来美丽的身影，不久就瘦骨嶙峋了。这一下可急坏了巴比伦国王。可是，在巴比伦连块石头也难找到。怎么办呢?他请来了许多建筑师，要他们在都城里建造一座大假山。经过几年的营造，也不知花费了多少奴隶的血汗，一座大假山终于造好了。山上还种上了许多奇花异草。这些花木远看好像长在空中，所以叫作“空中花园”。花园里，还建造着富丽堂皇的宫殿，国王和王后得以饱览全城的风光。据说，米提公主从此兴高采烈，思乡病一下子消失得无影无踪。

今天的美索不达米亚一带气候干燥、绝少石材，空中花园离幼发拉底河又有一段距离，而花园的花离不开水，那么它如何解决供水问题的呢?专家们认为，空中花园应该要有完善的输水设备，由奴隶不停地推动着联系的齿轮，把地下水运到最高层的蓄水池中，再经过人工河流往下流以供给植物水分。同时美索不达米亚平原没有太多石块，因此研究人员相信花园所用的砖块定是与众不同，认为它们被加入了芦苇、沥青及瓦，狄奥多罗斯更指出空中花园所用的石块加入了一层铅板，以防止河水渗入地基。事实究竟如何，还有待于进一步考证。

迷人的空中花园，将无尽的谜尽藏腹中。

马丘比丘之谜

1911年6月，美国耶鲁大学研究拉美史的年轻助教海勒姆·宾海姆，在一位小旅店老板的陪同下，爬上了传说中的太阳之河——乌鲁班巴河对岸的山腰。在那里遇到了两个印第安人。印第安人说，转过山去就有一座古城。

宾海姆转过那座山时，呈现在眼前的是一个虽已荒芜，但极为壮观的古城。古城全部用巨大的岩石砌成，坐落在2450米高的悬崖上，紧傍顶峰，气势磅礴。这就是被誉为“空中城市”的神秘古城马丘比丘。

马丘比丘是秘鲁南部古印加帝国的一座城堡，位于首都库斯科西北120千米处，坐落在层峦叠嶂、高达2000米的安第斯山脉之间。城址方圆13平方千米，遗址虽只剩下残垣断壁，但排列有序，宫殿、寺院等各具特色。全城界限分明地分为农业区和城市区两大部分。每个部分又分为上区和下区。上区印加语称“阿南”，下区称“乌林”。古城的全部建筑都用巨块花岗岩砌成，石块之间结合紧密，不用任何黏合剂，全是石匠使用简单工具拼接垒筑而成。古城四周环绕着城墙。全城共有100多座巨石建筑，城内街道依山而设，错落有致。一座巨石砌成的城门——光荣门，矗立在1006千米长的道路尽头，这是全城唯一供人出入的地方。

“马丘比丘”，印加语意为“古老的山巅”。乌鲁班巴河自库斯科汹涌而来，切开崖壁，向北归入亚马孙河系。河流的冲击力，造成了垂直600米的悬崖峭壁。海拔6264米的萨尔坎太山，覆盖着皑皑白雪，下临峡谷，几乎无路可攀。

著名的“三窗神庙”是马丘比丘最重要的圣地，一堵巨大石墙上的三个窗口正对着安第斯山脉的层峦叠嶂，据说印加王朝的创始人就在那里出现。

在古城遗址的一个小丘上，有一块硕大无比的长方形石头，表面打磨光滑，棱角整齐，面向东方，在石上系着一条碗口粗的绳索。经考古学家考证，这就是著名的“因蒂万塔纳”，印加语意为“拴日石”。它是印加人供奉日神的一件圣物：在一块大圆石盘上，刻着度数，随着太阳的升落，石盘中心的矮雕柱在阳光照射下投下阴影，指示一天的时间。印加人崇拜太阳神，自称是“太阳的子孙”，所以在每座城中都建一个神圣的拴日石，以示太阳的运行情况，象征捆住太阳，防止它坠落下去。而马蹄铁形日神塔是马丘比丘举行宗教仪式的地方，建塔的石块个个精工细琢，而契合之处几乎没有缝隙。

为什么印加人把马丘比丘建在两个尖削的山脊间的群山峻岭之中？有人认为，答案就在它背后的一座山上。细看这座山，会发现它赫然是一张仰望向天的巨大脸孔的侧面。也许印加人是在浏览此景之余，决定让马丘比丘偎依在它身旁。

考古学家们发现，建造这座古城所用的成千上万块花岗岩来自同一个采石场，它坐落在距离马丘比丘600米以外的山谷里。城墙由打磨得十分光滑的巨石垒成，这些巨石重量不小于200吨，全都以各种角度连锁在一起,组成一座宛如游戏拼图的城墙。经仔细勘察,专家们发现,有的巨石总共有33个角,但每个角都和毗邻的那块石头紧密地结合在一起。如此精密的工程,当初的石匠是如何设计,依靠什么工具来完成的?

即使不考虑巨石的加工制作,就说这些巨石的运输,即使是动用现代化的设备,想把这些无比沉重的大石块运到高高的悬崖上,都是无法想象的。而当时的印加人不但没有现代化的运输工具,而且不会使用车辆,他们怎么能够把这些巨大的石块搬运到高山上呢?

安第斯山脉的森林中有取之不尽的木材,但马丘比丘的建造者们却放着现成的木材不去使用,而偏要修建耗时费力的巨石建筑,这又是为什么呢?难道他们掌握了某种我们尚不知道的轻易地切割和搬运这些巨石的本领?

这座古城建于什么时间?是做什么用的?谁是古城的建造者呢?

学术界的正统看法是:这座城堡的兴建日期应该是公元15世纪左右。然而,一些颇受世人推崇的学者却敢于质疑,时常提出不同的意见。20世纪30年代,德国波茨坦大学天文学教授洛夫·穆勒找到确凿的证据,显示马丘比丘古城在建筑上的一些重要特征,反映的是重大的天文现象。他以数学方式,仔细计算过去几千年中星星在天空的位置,得出这样的结论:马丘比丘城堡的最初设计和建设,肯定是在"公元前4000年到公元前2000年之间"完成。

在正统历史学家眼中,这简直就是信口胡说。如果穆勒的推算正确,马丘比丘城堡的历史就不是短短500年,而是6000年了。这么一来,它就比埃及的大金字塔古老得多。

关于马丘比丘城堡的历史,还有其他学者提出异于正统学术界的意见。跟穆勒一样,他们大多认为,这座城堡的部分遗迹,比正统历史学家所认定的日期古老几千年。就像组合在马丘比丘城堡墙上的多角

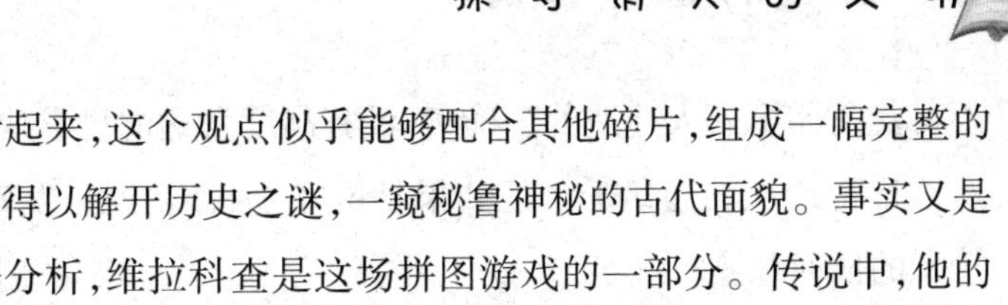

形巨石，乍看起来，这个观点似乎能够配合其他碎片，组成一幅完整的拼图，让我们得以解开历史之谜，一窥秘鲁神秘的古代面貌。事实又是怎样的呢?据分析，维拉科查是这场拼图游戏的一部分。传说中，他的首都设在蒂瓦纳科。这座伟大古城的废墟，如今坐落在玻利维亚境内一个名为科尧的地区。

如果汉克的假设“马丘比丘的建设者”是远古时代“维拉科查”人的杰作成立的话，那么，我们也可以这样假设：“马丘比丘”乃是“太平洲”幸存者的又一杰作。但他们为何偏偏将城堡建在海拔达2700米高的山峰之间呢?在如此高的地方修建城堡，他们又是如何解决生存问题的呢?这是不是“太平洲”的陆路逃难者留下的“醒目”标志，以便他们的太空探索者找到“世外桃源”后回来发现他们，并将他们接走呢?一切都不得而知。

宾海姆认为，古城的神庙都配备三扇窗，这一点同其他印加遗址不同，因而它可能是印加帝国缔造者——曼科·卡帕克的出生地，也就是印加帝国最后的避难所。

有人认为，它只是宾海姆在寻找传说中的印加帝国避难所的途中发现的，至于其与古印加帝国有无关系，一时难以断定。

有些学者认为，马丘比丘是“太阳圣女之城”。因为这个城市的居民中，妇女比男人多两倍。这些女性因为容貌艳丽，被选为太阳圣女，从全国集中在这里，过着隐居的生活。由于保密的需要，以致人们一直不知道这座城市的存在。

秘鲁一些考古学家根据该城出土的陶器和金属制品，认为该城大约建于15世纪。

有人认为，是印第安人建造了马丘比丘。

有人认为，生活在马丘比丘附近的印第安人对这座古城一无所知，而马丘比丘建造者所掌握的科学技术水平比印第安人要高得多，因此不可能是印第安人建造的。确实,没有高度发达的科学技术,是难以建造这样奇迹般的建筑的。但如果是这样,为什么没有发现有关这些建造者的任何踪迹?

这些建造者们在完工后到哪里去了呢?

在远古时代,由于生产力低下,要供给几万人饮食起居实属不易。一遇到天灾,远古居民便衣食无着,只能四散逃亡。也许是由于自然灾害,或者凶残的丛林部落的进攻,或者统治者之间的内讧,马丘比丘的消亡最终不可避免地发生了。

马丘比丘古城的石壁上刻着许多符号和标记,至今还没有被破译,没有人知道它们究竟代表着什么。更没有人敢确定,在遥远的神秘的古代,秘鲁究竟存在着什么文明。在云雾缭绕的马丘比丘古城,每年考古学家都会有新的发现,但这些发现往往是解答了一些疑问,又带来更多的疑问,人们至今仍沉浸在谜团之中。

昌昌古城遗址探秘

11世纪中叶，自诩为太阳的子孙的印加部落，以秘鲁的库斯科为中心，相继征服邻近的部族，建立了强大的印加帝国。到了15世纪，印加帝国的疆域已包括今天的秘鲁、厄瓜多尔、玻利维亚、智利的大部。而早在印加帝国建立之前，在秘鲁北部海岸莫切河谷、主要海港特鲁希略西北8千米，距利马以南约480千米处，有一座空无一人的土城，名叫“昌昌”。在当地土著希莫人的语言里，可以意译为“太阳太阳”。遗址占地18~20平方千米，最盛时居住10万人，曾是秘鲁大城市，现为世界最大的土城遗址。

在漫漫黄沙的海岸边，直到城门口，才能看清土城的轮廓。断垣残壁同城外的沙漠颜色一样，是那么的不起眼。现在所能看到的城垣和屋墙，大部只剩墙基，最高不过五六米，难怪人们要对“世界最大土城”的称号表示怀疑。

据考证，昌昌土城早在西班牙人入侵时就已被发现。300多年前，殖民者搜寻翻掘了城中建筑物，挖了陵墓，将金银财宝搜刮一空。据说18世纪西班牙国王结婚时，秘鲁殖民总督就装了一船昌昌出土的金器文物，发运欧洲进贡。之后，不断有人来昌昌“掘金”，加速了城堡的败坏。直到19世纪末，才开始了保护性的考古，但古城已被捣毁得面目全非了。最初由一位瑞士历史学家领导了第一个修复工程，接着又有美国、德国和秘鲁的考古学家进行有益的工作，陆续修复了一部分古堡。历次出土的文物非常丰富，最近还发现了木乃伊和陶器、金狗等殉葬品。

从目前已勘测的古城遗址看，能看出环形的城堡就有9个。每一城堡都由两重或三重的城墙围绕，进口只有一道空门，城墙的顶部似乎是有一条通道环绕，但只能从城墙外面才可以走上去。从这种特殊的布局来看，当时城内的居民似乎有些囚犯，经常要受到人为的监控。有一段残留的城墙高7米，长440米。据说原墙最高的达15米。有一个城堡遗址，中间有个方形场地，方圆300多平方米，四周为残墙所围绕，但墙基保存完整。走进城址中心，从纵横交错的道路网可以判断城市建设得井然有序，街道两旁有宫殿、祭坛、寺庙、花园、住房、市场、监牢、粮库等。

不管是城墙还是房屋，全部用土坯垒成，见不到丝毫用石头的痕迹。那土坯有大有小，依不同建筑物而定，砌得“天衣无缝”，常以品字形逐层砌造。1970年秘鲁大地震，后人修复的城墙倒了，残存的古墙却毫发无损。这些断垣残壁，历经五六百年风吹雨淋而不蚀，有什么诀窍吗?原来，筑墙的土坯是用黏土、贝壳、沙粒磨成细粉，混合掺水成型，以火焙烧的；成品呈紫红色，坚牢度不亚于现代混凝土。当地气候干燥，几乎终年无雨，使土坯长久不败。希莫人利用当地最丰富的沙土、贝壳为建筑材料，从而避开远地采石之苦。

昌昌城有出色的水利工程。渠道引来安第斯山的泉水，供市民饮用。其中有一条水道长达80多千米。从供水设施来判断，当时在这座城里的居民有50000多人。全城尚存一小片绿点，那是一个城堡遗存的水井，井底清水澈净，井边长满芦苇。沿着井壁斜坡砌了石盘道，人可走到井底打水。

残墙遗有很多浮雕，内容以海洋生物和渔猎生活为主。一座宫殿的墙上，保存着一张大渔网的图案。另一堵宫墙有各种鱼和海鸟的图形，或栖或翔，或悠游水中，或潜水捕鱼。一幅驯鸟图，画着鸬鹚仰头伸脖，企图吞下一条大鱼，可是脖子被人系了绳索，怎样使劲也吞不下去。

在一座神殿的四壁上，画了365个圆形的图案，据说这是代表月亮和一年365天。希莫人崇拜月亮，奉月神为最高神祇。包括上面的渔猎图案，都可以反映希莫人是与海洋生活息息相关的。月圆之夜，乃是近海鱼类密集的时候，是希莫人谋食的黄金时刻。

据考证，公元11世纪至15世纪，这座城市兴盛了几百年。但后来印加人的到来，成了希莫人的灾难。他们被强行赶走，远离自己的家园和故土。对考古学家而言，今天的昌昌古城早已变得既面目全非又神秘莫测。早在哥伦布1493年到达美洲时，昌昌就早已被废弃。欧洲人来到这里时看到的只是一座被人遗忘的古城，并没有见过昌昌的居民是怎样生活的。他们只是从印加人那里得到了一些有关这座古城的传说。

据考证，希莫人操容卡语(现已消失)，没有文字。希莫族人被印加人赶走之后，昌昌古城后来被岁月和沙石所湮没。但因为这个地区雨水罕见，所以城的遗址保存得非常完整。目前，昌昌古城只挖掘出很小一部分。但专家们相信，还有大部分的城墙和古物被掩埋在沙石下面，需要很长的时间才能使它们重见天日。从目前挖掘出的一小部分来看，这座古城非常壮观，市中心有一个方形院落，院内有金字塔形神庙、墓地、庭院、蓄水池及对称的房屋。而且那时希莫人似乎已经有了比较细致的社会等级制度。据传说：希莫人的祖先是从海外乘木筏而来的，

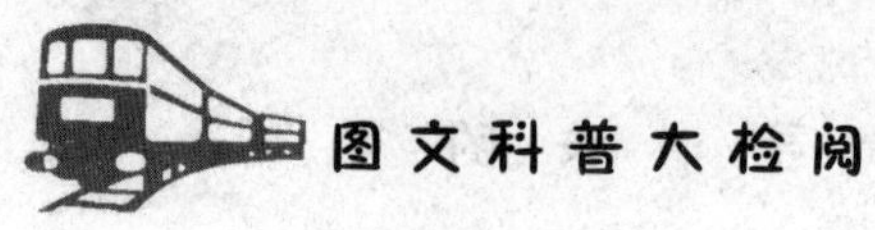

他们可能来自远东。还有人说，他们来自波利尼西亚群岛。但是，上述两个地方都并没有像昌昌这样的城市。人们至今还不知道：希莫人究竟是个什么样的民族，他们究竟从哪儿来，被印加人赶走后又流落到什么地方。

希莫人现在何方？昌昌城主人的后裔今何在？

据说，在昌昌城附近，有一个渔村，村里最宏大的建筑、16世纪建成的天主教堂，就压在希莫人神庙的基础上。顶截是西班牙式建筑，下截是希莫人的建筑。那里的印第安渔民，身体矫健，使用着芦苇编扎的单人渔舟。船长约3米，宽不到1米，轻可手提，美名“芦苇马”。人们世世代代骑着“芦苇马”，出没于惊涛骇浪里，在近海捕鱼为生。有人说他们就是昌昌城的主人，但究竟实际情况如何，仍有待于进一步考证。

奥尔梅克文明

奥尔梅克文明的历史，可追溯到公元前2000年，但是在阿兹特克帝国崛起之前1500年，这个古文明就已经消失。不过，阿兹特克人倒是保存了很多有关奥尔梅克人的动人传说，甚至称呼他们为“橡皮人”——根据传说，他们居住在墨西哥湾沿岸的橡胶生产地区。今天，这个地区的位置，介于西边的韦拉克鲁斯港和东边的卡门城之间。在这儿，阿兹特克人发现奥尔梅克人制造的一些古代仪式用品，不知为了什么原因，他们将这些器物供奉在自己的庙堂上，十分崇敬。

科泽科克斯河注入墨西哥湾的地方，正是传说中奥尔梅克人的家乡。

“科泽科克斯”这个地名的意思是“蛇神避难所”。相传远古时代，奎扎科特尔和他的门徒就是在这儿登陆墨西哥——他们搭乘“船身光亮得有如蛇皮一般”的船舶，从地球另一端渡海而来。也就是在这儿，奎扎科特尔登上一艘“蛇筏子”扬帆而去，从此离开中美洲。

科泽科克斯西边的崔斯萨波特城、南边和东边的圣罗伦佐城和拉文达城，无数典型的奥尔梅克雕刻品相继出土。这些文物全都是用整块玄武岩或其他耐久石材雕琢而成。有些雕刻的是庞大的头颅，重达30吨；其他是巨型石碑，上面镌刻着两个截然不同的种族相会的情景，都不是美洲印第安人。

制作这些杰出艺术品的工匠，肯定是属于一个精致的、高度组织化的、繁荣富裕的、科技上相当先进的文明社会。学者们面临的问题是：除艺术品外，这个文明没有留下任何东西让后人探寻它的根源和性质。唯一能确定的是，“奥尔梅克人”于公元前1500年左右，带着充分发展、高度精致的文化，突然出现在中美洲。

位于科泽科克斯市西南方的圣罗伦佐，正好坐落在奥尔梅克文化遗迹——“蛇神避难所”的中心。奎扎科特尔的神话和传说经常提到这个地方。考古学家使用碳14鉴定法测出这处遗迹的历史可追溯到公元前1500年左右，然而，在那个时期之前，奥尔梅克似乎已经发展成熟，而且没有迹象显示，奥尔梅克文化的发展是在圣罗伦佐地区进行。

此中一定有玄机。毕竟，奥尔梅克人曾经建立过相当辉煌的文明，进行过大规模的工程计划。他们发展出高超的技艺，有能力雕琢和处理巨大的石块(他们遗留下的人头像，有些用一整块巨石雕成，重达20吨以上。石材是在图斯特拉山中开采，沿着60英里长的山路运送过来)。如果不是在圣罗伦佐地区，那么，奥尔梅克人的先进科技知识和高度组织能力，究竟是在什么地方发源、演进和成熟的呢?

不可思议的是，尽管考古学家一再努力挖掘，在墨西哥，甚至在整个美洲，他们却始终找不到任何征象和证据，显示奥尔梅克文化曾经有过“发展阶段”。这个最擅长雕刻巨大黑人头像的民族，仿佛从石头里蹦出来，突然出现在墨西哥。

亚特兰蒂斯王国之谜

这是一个神话般的传说。

传说中,创建亚特兰蒂斯王国的是海神波赛冬。在一个小岛上,有位父母双亡的少女,波赛冬娶了这位少女并生了五对双胞胎儿子,于是波赛冬将整座岛划分为十个区,分别让给十个儿子来统治,并以长子为最高统治者。因为长子叫作亚特拉斯(At1as),因此称该国为“亚特兰蒂斯”王国。

大陆中央的卫城中,有献给波赛冬和其妻的庙宇及祭祀波赛冬的神殿,这个神殿内部以金、银、黄铜和象牙装饰着。亚特兰蒂斯的海岸设有造船厂,船坞内挤满着三段桨的军舰,码头聚集着来自世界各地的商船和商人。亚特兰蒂斯王国十分富强,除岛屿本身物产丰富外,来自埃及、叙利亚等地中海国家的贡品也不断。

十位国王都很英明,各自的国家也都很富强。不幸的是,这些国家不久以后便开始出现腐化现象。众神之王宙斯为惩罚人们的堕落,引发地震和洪水,亚特兰蒂斯王国便在一天一夜间沉入海底。

有关亚特兰蒂斯的传说,始于古希腊哲学家柏拉图(公元前427年~公元前347年)。在柏拉图晚年著作《克里特阿斯》和《提迈奥斯》两本对话录中都提到:公元前9600年左右,存在一个名叫亚特兰蒂斯的地方,其陆地面积比小亚细亚与北非之和还要大。这里气候温和,森林茂盛。它位于“赫喀琉斯的砥柱海峡”对面,是海洋包围着的一整块陆地。当时亚特兰蒂斯正要与雅典展开一场大战,没想到却突然遭遇到地震和水灾,不到一天一夜就完全没入海底,成为希腊人海路远行的阻碍。

有关亚特兰蒂斯遇到的灾难,在中美洲印第安人的霍比部落的编年史里有所记载。上面说,地球上曾经有三次特大灾难:第一次是火山

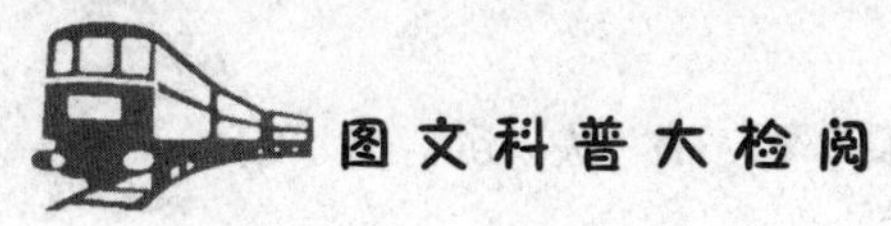

爆发；第二次是地球脱离轴心后疯狂地旋转；第三次是12000年前的特大洪水。

这第三次灾难曾使全球的水位上升，淹没了大西洋、地中海、加勒比海等地区的一些陆地及岛屿，后来又由于海底火山的爆发，部分陆地下沉，形成世界性的特大洪水。这场洪水使得一个具有高度文明的国家顷刻间变得无影无踪。

它当时的文化水平已经相当发达，这里的人口估计有3000万，这个大陆由于一次特大洪水，一夜之间便沉入了海底。这个故事与印第安人记录的那一次12000年前的特大洪水不谋而合。我国《藏经》中记载说，公元前9564年，在今天的巴哈马群岛、加勒比海以及墨西哥湾处的一片大陆地可能沉入了大西洋，这从时间上与这个传说有着惊人的相似之处。

有关亚特兰蒂斯文明研究从19世纪就已开始了。那么，是否有过亚特兰蒂斯文明呢?

被称为科学的亚特兰蒂斯学之父的美国人德奈利，在19世纪提出亚特兰蒂斯学13条纲领，对后世的研究有着重大的影响。

(1)远古时代大西洋中有大型岛屿，那是大西洋大陆的一部分，称为亚特兰蒂斯。

(2)柏拉图所记述的亚特兰蒂斯的故事是真实的。

(3)亚特兰蒂斯是人类脱离原始生活，形成文明最初之地。

(4)随着时代的演变，人口渐增，人民移居世界各地。

(5)宗教及传说中的伊甸园就是指的亚特兰蒂斯。

(6)古代希腊及北欧的神是亚特兰蒂斯的国王、女王及英雄被人格化的产物。

(7)埃及和秘鲁的神话中有亚特兰蒂斯人崇拜太阳神的记载。

(8)亚特兰蒂斯人最古老的殖民地是埃及。

(9)欧洲的青铜器技术传自亚特兰蒂斯。

(10)字母原型传自亚特兰蒂斯。

(11)亚特兰蒂斯是赛姆族、印度、欧洲诸族的祖先。

(12)亚特兰蒂斯因大变动而沉没于海中。

(13)少数居民乘船逃离,留下关于大洪水的传说。

从19世纪开始,关于亚特兰蒂斯的研究不断有新的进展。

英格丽特·本内特通过催眠回忆起自己在亚特兰蒂斯前世生活中的一些记忆和事件,说亚特兰蒂斯的科技与生活文明都远远超过今日世界。

首先,亚特兰蒂斯的能源非常特殊,为城市提供能量的仅仅是一块巨大的水晶。人们与海豚和麒麟等动物和睦相处。海豚十分聪明,而麒麟则是不可思议的平静、安详而又令人起敬的动物。

在亚特兰蒂斯的东北部是田野,鲜花应用广泛并广为种植。

这些田野由受过高级训练和知识丰富的人照看。草药师从种子萌芽时就开始照料它们,然后采摘并提取生命精华。

大部分人被指定从事体力工作,例如园丁和建筑者。这使他们保持良好的身体状况。少数人拥有灵性能力。愤怒和受挫的情绪用建设性的方法加以引导。

亚特兰蒂斯人有与飞碟相似的飞行器。它们在旋转中起降,与由磁场能量发出的气流有关。这些交通工具通常用于长途旅行。短途旅行则用可乘坐两人的滑车。它有一个像水翼船一样的引擎,工作原理与飞行器一样,也是利用磁能场。

在这个文明中,没有严重的疾病。水晶、颜色治疗、音乐、芳香和草药组合运用,以发挥完整治疗的功效。

亚特兰蒂斯有严格的儿童教育。当胎儿在母体子宫中时就给他放声音、音乐，以及那个时代的灵性教导，这是给予未来父母的基本指导。在整个怀孕期间，由智者对他们进行帮助和指导；各地都有育儿中心，在那里教育孩子们如何成为优秀的人。学会开放思想，让他们的身体能协同工作。所有地区，人们从3岁起就开始接受教育。智者照看并且评估进度，对孩子进行个别指导，以便发现、培养他们的特殊才能。这保证每个人都有相等的发挥他们全部潜质的机会。

那时的亚特兰蒂斯技术非常先进，但科技发达导致妄为。例如，空气被净化，气温被调节。技术高度发达，以致使他们开始改变空气和水的成分。亚特兰蒂斯人试图将其合成或改变。这最后引起了亚特兰蒂斯的崩溃。

亚特兰蒂斯最后的一刻来临了——天塌地陷、地震、火山爆发、火灾。地球板块剧烈冲撞。地球在崩溃，大楼在上下颠簸，震荡起伏。天空浓烟滚滚，大地岩浆喷发，烈火染红天空。陆地正在下沉。海水汹涌而至，吞噬一切。人们四处逃散，但不是被大水吞没就是跌入火坑。

英国神学家斯考特·艾利欧德说100万年前亚特兰蒂斯人就已经达到文明顶峰，人们不仅有超能力，还能用化学方法制造金银，并能利用特殊的生物工程技术制造不同种类的谷物和家畜。

美国大预言家艾德加·凯西通过透视描绘了亚特兰蒂斯的高度文明，已经能用合金制造飞机、船舶、潜水艇等。收音机、电视机、电话、电梯也十分普及。

虽然说从大量证据来看，亚特兰蒂斯的存在是可以肯定了，但我们终究没有拿出一个真正的物证来，甚至连亚特兰蒂斯大陆的确切位置还众说不一，有的说它在里海、在西班牙、在瑞典；也有的说它在北海、在阿拉伯、甚至在斯里兰卡……但大多数学者认为亚特兰蒂斯的确切位置是在大西洋中的马尾海及百慕大三角附近，通过一些实地考察也确实发现了一些迹象。

1968年，由迪米特·科比科夫与美国耶鲁大学教授芒松瓦朗坦领导的考察小组在巴哈马群岛的北尼米岛一带海底发现巨大石群，这些石头是被加工过的，样子像是码头、城墙、门洞等。从一些长在这些石块上的树根化石判断，它们已经有约12000年的历史了，这又与亚特兰蒂斯传说有惊人的时间相似性。

1974年，苏联一艘考察船在大西洋底，拍摄了八张海底照片，照片清晰地显现出古代城堡、阶梯等遗迹。

地质学的考察也已发现安德罗斯海下，存在钟乳石和石笋，这种地貌仅有在陆地上空气中，靠石灰水一滴滴地滴落上千年才能形成，由此再进行科学分析，从而推断出这里在12000年前曾是一片陆地，又给亚特兰蒂斯大陆曾存在于大西洋中的观点提供了进一步论据。

其实，时至今日有关亚特兰蒂斯的传说一直困扰着人们，亚特兰蒂斯大陆是否真的存在过?它究竟有多高的文明程度?它的沉没与传说的史前特大洪水有何关系?这些谜还一直没有被真正解开。

奥美加文化探索

仅仅在一百多年前,世界上还没有人知道奥美加文化,但是,现在几乎所有考古学家都一致认为,奥美加人是美洲最古老文明的创造者,灿烂辉煌的玛雅文化便是承袭奥美加文化的精华而发扬光大的。不仅如此,它还远远早于秘鲁文明,他们留下的雕像、塑像显示他们自己的相貌和他们所信仰的诸神相貌都是呆板的。这是一个缺乏活力的僵硬社会。他们繁荣于墨西哥湾沿岸平原上维拉克鲁斯州南部和邻近的塔巴斯科州地区的大森林,主要聚居于洛斯·图斯特拉山和托那拉河与夸察夸尔科斯河流域。现存的文化的遗迹主要集中于拉芬达、圣罗伦佐、特雷斯萨波特斯等地。它就是对玛雅文化,对中部美洲文明有过深远影响的中美文化的摇篮——奥美加文明。

石雕

中部美洲第一个文明是在何时何地开始的,这看似一个极为寻常的问题,但在考古学家那里,要逐本溯源,折叶寻根,却是个需要终生为之奋斗、为之上下求索的。在中部美洲,许多神秘的古老的废墟在林间隐匿,宏伟的金字塔在光秃的山顶或平原的泥沙下叹息;雕刻装饰的建筑物被藤萝缠绕层层包裹无法辨认。考古学家最初和我们一样望洋兴叹,但他们耐心地发掘古代遗迹并不断扩展。他们的知识积少成多,越走越远,终于敲响了迎接中美洲最早文明出现的钟声。

曾经一度认为危地马拉低地和邻边的区域丛林中的玛雅废墟代表

最早的文化，但墨西哥各地许多风格各异的石制、陶制、玉制的雕像，使人们隐隐觉得还有一个更古老的传统。这些雕像大多有黄种人的厚厚嘴唇，扁平的鼻子，还带着一副奇怪的张嘴咆哮的表情，好像一个即将号啕大哭的婴儿的脸。有些婴儿更是青面獠牙，三分像人，七分似虎，这些雕像出土最多的是在墨西哥湾海岸。墨西哥塔巴丝科州和韦拉克鲁斯州，现在也罕有人烟。低洼、炎热、潮湿，年降水量达120英寸，河流在丛林沼泽中缓慢地移动。蚊虫、哮猴、美洲豹游来荡去。但考古学家有充足的证据证明这从前并不是它们的家。这穷山恶水的地方曾出现一种文化，它的模式历行千年而不衰。

奥美加文化的来源不明。据阿兹特克文所写的古诗，在东面海域有一块陆地，很久以前已有人定居，久得已无人记起。它的名字是“潭莫按陈”(玛雅语意为雨之地)。19世纪中叶，区域内便发现有黄种人特征的巨大石像。1938年，有人意外地在墨西哥的原始森林里发现了11颗玄武岩雕刻的人头石雕像。这些石脑袋大小不一，最大的约6米，最重的20吨以上。所有石像都孤零零的只有脑袋，没有身躯和四肢。这些石像大体上都是威武的军士，雕工娴熟、细腻。

史密森博物馆的马休兹·斯特灵博士孤身深入该区域，很快在委拉克鲁斯省特雷斯萨波特斯附近大有所获。

一个古老的石头像，高6尺半，重约10吨，厚唇扁鼻，是奥美加雕像的代表。1939年，斯特灵博士重临墨西哥湾沿岸。这次成群结队，配备精良。不久找到一个宝库，在拉芬达塔巴斯科州完全被沼泽包围的小岛拉芬达与奥美加文化郑重相遇。小岛上有四个大石头像，雕刻古怪的祭坛和一座高110尺的黏土金字塔。在地底深处又发现了三条用扁平的绿石铺成的图案。图案似乎是美洲虎的抽象和面形。精工制作的图案，大概是某种形式的宗教奉品。它们砌成后，立即铺上黏土，不再

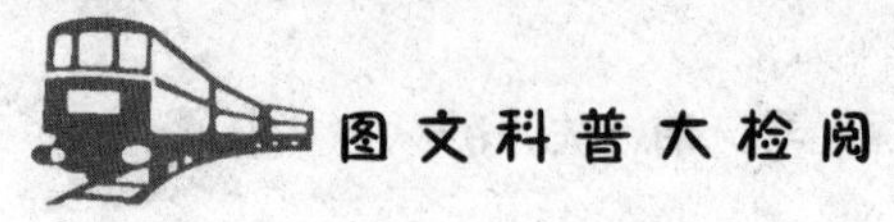

受到骚扰。

奥美加文化最突出的特征是高约2.4米的玄武岩头像。拉芬达的最著名的一个头像现存于比利亚埃尔莫萨的奥美加公园。它重达30多吨，高有2.5米以上。除此外，其雕刻品中还包括祭台，饰有浮雕的独块巨石台，整块巨石棺和葬礼用的柱石，上面刻有图画文字。要雕刻这么大的头像必须到40千米以外的采石场开采当地的玄武岩，然后用木筏子把石料运回来，因为当时的社会已经很发达，否则无法动员大量的人力和物力参与工作。由于石像具有扁平的鼻子和肥厚的嘴唇，墨西哥人密尔各尔认为这是非洲人的脸孔，并推测古代已有人从衣索亚移居到墨西哥湾、古巴，也有人认为这些细眼、阔鼻、大嘴，头上戴着头盔的巨大石像极可能是亚洲人，系自西伯利亚横越阿拉斯加而到美洲探险的英雄。这气派而高傲的石像到底来自何方，至今仍然叫人百思不得其解。

奥美加人也很喜欢制造一些小品的雕刻，所用的材料多翡翠和蛇纹石，制作装饰用的饰物和面具。由于格勒洛一地发现大量的小品石刻，有些考古学家便据此判定这里为奥美加的文化中心。其实，较具历史价值的大型纪念碑和巨大石人像都集中在委拉克鲁斯州南部到塔巴斯科州一带，奥美加文化的中心应在这一带才对。

有些石像的眉毛似火焰状，稍露牙齿，考古学家科库因而将这种石像命名为美洲狮人像，美洲狮正是奥美加王朝以及玛雅文化、印加帝国的信仰神兽。考古学家在奇西多河和特雷沙波泰等地，也发现了美洲狮和人类妇女交合的石雕，但这些石雕遭受蓄意破坏，都已残缺不全了。在墨西哥民间有一个古老的传说：远古时代，在葱葱莽莽的密林中生活着拉芬达族。他们居住在雄伟壮丽的城市里，宫殿屋宇厅堂鳞次栉比，建筑布局和谐。在墙壁和天花板上有大理石镶嵌的精细雕刻。黄金和珠玉镶嵌的壁画，金光灿灿。许多宏大的公共建筑物是用金块砌成拱门，因此拉芬达族有能力创造令人瞠目的石雕像。

拉芬达和其他奥美加遗迹被发现后的几年，考古学的意见分歧很大。美国的考古学家认为充其量只能上溯到公元300年，但一些墨西哥考古学家却坚持己见，认为它们要老得多，悠久得多。他们中最有威望的是古墨西哥艺术权威阿尔芳素·卡素博士。20世纪40年代发明的碳14同位素测定法证明了后者的看法，它远可以推至公元前800年。拉芬达已相当发达，不可能是奥美加人最早的苦心经营地，故而他们的文化起源普遍被认为在公元前1200年。1966~1968年间在韦腊克鲁州南部的圣罗伦佐、特诺奇蒂特兰发掘三个礼仪中心组成的遗址群，揭示的文化发展序列又往前推了300年，接近公元前1500年——那是古希腊黄金时代来临前的1000年。

神殿

位于塔巴斯科州塞罗斯湖附近的拉芬达，是座面积49平方千米的小岛，奥美加遗迹占了岛上大部分地方，由北至南，长25千米。岛上的遗迹以建在33米高的土丘上的平顶金字塔式神殿为中心，四周广场秩序井然地罗列着数座假山，为墨西哥及中美洲其他地区神殿的基本式样。并且当地出土了四尊巨石人像和无以计数的翡翠雕像。

金字塔神坛和建在基坛上的神庙，则是举行大型祭祀仪式的祭坛。这些神殿大多以石雕或灰泥雕刻来装饰，建筑主体部分几乎都根据天文观念和几何学比例设计的。有的基坛内部还葬有帝王贵族的骸骨。圣罗伦佐位于港都克塞克尔斯南方50千米处，也发现与拉芬达十分近似的假山和巨石人像，制作的年代要比拉芬达早。墨西哥湾到处都是低洼的沼泽，经常淹水，几百年前还是不断扩散的亚热带雨林，其间大小河流纵横交错，雨季时有洪水泛滥，这样的条件似乎不适合孕育早期文化，但是，奥美加人却偏偏在这个蛮荒的沼泽创造了美洲最早的文明和宗教中心。

奥美加人神秘消失后，由玛雅人和中美洲其他民族承续了这笔辉煌灿烂的文化遗产，自此湮没无闻。他们是从哪里来的呢?又往何处去呢?这团谜至今依然扑朔迷离。

宗教信仰

奥美加文化其实是一种宗教文明，借着土著居民的力量，建造出许多巨大的石碑、祭坛和神殿，但他们到底信仰什么神祇呢?

有人认为，奥美加文化自始至终贯穿一个主题——美洲虎。

在雕刻品中，美洲虎是主要的题材和生成基因。有时虎是虎人是人各不相干，有时人虎杂糅似虎非虎似人非人，名为“虎人”。

在热带雨林里，美洲虎对只靠石尖短矛护身的印第安人来说，无疑是真正的洪水猛兽。奥美加人全心全意拜服在它的脚下，把它视为力量和权力的化身。后来，人的意识萌芽了，他们把简单的信仰改造成一种超自然的生物，美洲虎和人就人兽合一，部分是人部分是兽。中国原始图腾也有同样的思维路径，早期的各色动物拼凑出龙、凤，接着人面兽身的伏羲、女娲出现了。也有学者认为，这些石雕的头部被切成V字形，脸大而凸出和鼻梁中央凹陷的特征，即代表鳄鱼的头部，因而推断奥美加人信仰的神祇是鳄神。

这些推断都犯了以偏概全的毛病，事实上，在世界各地的古代宗教中，雨神的地位相当崇高。尤其奥美加人以农业立国，更视雨神为左右人类生死的伟大神祇，他们将栖息于雨水丰富的热带森林中的动物，比如美洲狮、蛇或鳄鱼，奉为司雨或水的神祇。

奥美加人发明了宗教领袖制度。这个制度是所有中美文明的支柱。他们的城市拉芬达，没有驻扎的痕迹，纯粹是个宗教礼仪中心。居住在广大地区的人民，定期前往礼拜、献祭和修缮。

拉芬达的祭司权力高尚，衣食无忧。至少在400年间，他们一直流行着一种风俗：埋葬用玉和石制造的图案及祭品。面积约2平方千米的岛上根本没有石块，那些坚硬的玄武岩最近也得在40千米外才可找到。采石、运石、雕刻，奥美加人的生活是艰辛的。一代代奥美加人尊奉神，却无力改变自己的命运。无怪乎，雕刻中他们面目迟钝，神情死寂，宛然听天由命、任人宰割的无奈相。生而如此，死又何憾?奥美加，催人肺腑却又无泪的一幕历史活剧。

文化的消失

奥美加文化史的研究与调查，正在圣罗伦佐和拉芬达进行。圣罗伦佐遗迹南北长1200米，高50米，遍布许多假山及石造沟渠。自公元前12世纪开始，即成为奥美加文化的中心，但是，到了公元前9世纪，表现神与支配者的石雕却遭受无情破坏，在很短的几百年中便默默无闻了。圣罗伦佐销声匿迹之后，奥美加文化的中心转移至拉芬达岛。岛的中央有座高34米的神殿祭坛，北侧有左右对称的假山群，出土了许多珍贵的小品雕像。奥美加人常将485块蛇纹岩拼凑在6千米见方的镶板中埋在地下献给诸神，光是拉芬达便发现了3处。由于他们大量搜集宝石，并且将其中大多数埋在地下献给神明，经常感到宝石不足，为了

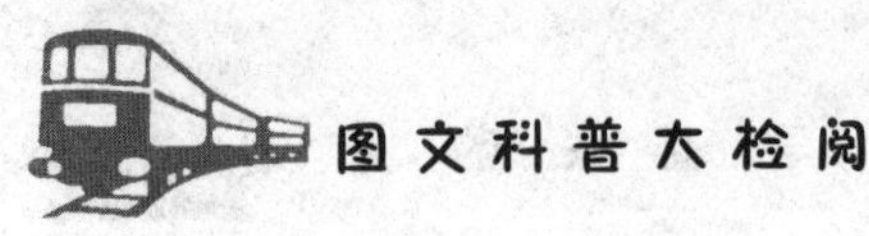

搜寻更多的宝石,奥美加人便有向外扩张的趋势,以奥美加富强的基础,实在不难成为中美洲有史以来的第一大帝国,可惜因呈献珠宝的祭祀花费过巨,瓦解了生产基础,导致奥美加文化消失。

奥美加文化在经过发现、挖掘、研究、鉴定后,使得多数有关学者持有这样一个观点,中美洲所有后来的文明,无论是墨西哥文明,还是玛雅文明,归根结底都建立在奥美加文化的基石之上。虽然这一观点也有人不同意,如德尔鲁克、海泽和阿奎尔,他们强调奥美加的非凡意义,不过他们不赞同“源与流”的观点,但势单力薄,他们的议论被压倒了。今天,人们一提起中美洲的文明,所说的第一句话是:“奥美加文明是中美洲文化的摇篮。”

复活节岛的神秘

举世闻名的复活节岛上，现在居住着波利尼西亚人，但他们却不是岛上的原主人，那么，真正的岛主是谁呢?岛主当属该岛名扬世界的石像。

复活节岛虽然孤处一方，但世界上很多人都听说过那些遍布全岛的石像。这些被当地居民称为“莫阿伊”的石像，有着非常明显的特征：形态各异的长脸，略微向上翘起的鼻子，向前突出的薄嘴唇，略向后倾的宽额，垂络腮部的大耳朵，刻有飞鸟鸣禽的躯干以及垂立在两边的手，这些奇特的造型赋予石雕独特风采，使人一眼就能认出它们。另外，有些石像头上还戴有圆柱形的红帽子，当地人称为“普卡奥”，远远看去，红帽子颇似一顶红色的王冠，这更给石像增添了尊贵、高傲的色彩。但是，并非所有的石像都享有这种特权，戴帽子的石像仅30多尊而已，只分配给岛东南岸15顶，北岸10顶，西岸6顶，这些佩戴红色石帽的石像宛如众多石像中的贵族。称这些石像为岛主并不过分，因为据调查，远在最早的土著居民登岛以前，这些石像就已经存在，并且随着现代化传播手段的发展，越来越被人们所认识，也有越来越多的专家学者们提出了越来越多的疑问，比如：宗

教学家的疑惑在于，如果石像是一种宗教膜拜，那么，它们代表了何种宗教？又被何人所信仰？建筑学家们想知道石像是如何加工、运输并竖立起来，再给它们戴上帽子？完成这些工程是使用何种工具和设备？历史学家感兴趣的是，石像是什么时代完成的？人类学家感兴趣的则是这批石像应归属何种文化、又有何切实的含义？

这些石雕人像一个个脸形窄长、神容呆滞。造型的一致，表明它的制作者是依照统一的蓝本加工的。这种情形肯定与艺术创作无关，反而在各种宗教中屡见不鲜：相同表情形态的塑像被反复拷贝，以供人膜拜。

而石像造型所表现出来的奇特风格，也为别处所未见，从而说明它是未受外来文化影响的本岛作品。可见，说石像与宗教有关似乎也说得通，尽管探寻其中的真正答案已是不可能，然而不可能的奇迹还表现在其他方面：这批石雕人像最小的重约2.5吨，重的超过50吨，有的石像上的石帽也是件吨位沉重的大块头。它们究竟是如何被制作者从采石场上凿取出来，如何加工制作，又采用什么办法，将它们运往远处安放的地方，使之牢牢地耸立起来？前几个世纪岛上居民还未掌握铁器，但是采石场上坚硬的岩石，像切蛋糕似地被人随意切割，几十万立方米的岩石被采凿出来，到处是乱石碎砾。加工好的巨石人像被运往远方安放，采石场上仍躺着数以百计未被加工的石料，以及加工了一半的石像。有一尊石像最奇妙，它的脸部已雕琢完成，后脑部还和山体相连。其实再需几刀，这座石像就可能与山体分离，成为成品。然而，从采石场废弃的石料、一件件进度不一的作品、清晰的凿痕当中不难推测当时是突然停工的。可是，为什么会在刹那停止？究竟发生了什么事？

许多学者还研究了分布于小岛各处的600多尊石像，以及几处采石场的规模等情况后，认为这些工作最少需要5000个身强力壮的劳动力才能完成。他们做过一项试验，如果靠纯人工来完成的话，雕刻一尊不大不小的石人像,需要十几个工人忙一年。如此一来,600多尊石像,也需5000多人干上一年多。随之而来的问题是:在当时岛上无树木、无耕地,这么多人的吃饭问题如何解决?如果由周边国家提供,那么如此庞大的物资调动,为何在任何一个国家的史料当中全无记载?另外,雕像是如何运输的?古代的运输通常为滚木滑动,但岛上并无树木,当然已无滚木滑动的可能。即使人工拖拉完成,但石像上的帽子是如何戴上去的?须知一顶石帽,小的也有2吨,大的重约十几吨。要把这些石帽戴到巨石人像的头上,又需要有最起码的起重设备。岛上树木不生,连滚木滑动这种最原始的搬运设备都不可能存在,吊装装置就更成了虚有之物了。以上种种都是令人难解的谜团,所有的推论也就是一家之言。或许,对这种种疑问感兴趣的读者,会有自己更精彩的答案。

石头城佩特拉探奇

约翰·路德维格·贝克哈特1784年生于瑞士，在德国和英国受教育并且学习阿拉伯语。1809年，他受命于英非联合会，化名西克·坎布拉罕·阿布道拉负责调查了解并解答当时的一个地质学难题：北非的两条大河——尼日尔河和尼罗河是否源于同一条河流。在执行英非联合会使命的主道上，出于对地质学知识的求知欲，一种难以遏制的好奇心不时驱使他离开主道，步入众多岔路。就是这其中一条岔道引他奔向了一座自12世纪以来少有，或者说根本没有欧洲人涉足过的城市。

佩特拉不完全是一个消失了的城市，历史学家们还清楚地记得它的存在。在公元二三世纪——罗马帝国全盛时期，佩特拉曾一度是罗马东部省城的佼佼者，然而后来一度长期衰落。到了贝克哈特时代，除阿拉伯沙漠上的游牧民族贝督因人外，少有游人访问此地。对外界而言，佩特拉的地理位置极其神秘。它隐没于死海和阿克巴湾(今天的约旦国境内)之间的山峡中。人们把它叫做“玫瑰色的石头城”。

1806年，一位名叫尤尔里奇·西特仁的德国学者伪装成阿拉伯人，穿越奥斯曼领地，从一个贝督因人那儿获悉了“佩特拉废墟”。好奇的西特仁试图悄悄溜进佩特拉，可是不幸被发现是伪装成穆斯林的基督教徒，惨遭杀害。

1812年，贝克哈特由叙利亚向开罗南行，途中他突然发现自己正处在佩特拉附近，于是决定去看望一下这长期被遗忘了的城。不知是伪装术比西特仁得当，还是运气比西特仁好，他竟然未受任何伤害地到达了佩特拉城。他发现，通往佩特拉的必经之路是一个叫西克的山峡，深约200英尺。这条天然通道蜿蜒深入，直达山腰的岩石要塞，这就是加保·哈朗(《圣经》中称为荷兰)的要塞。西克山峡漆黑一片,回声荡荡,可是一转过这个令人毛骨悚然的山峡,则是另一番景观。世上最令人惊叹的建筑就呈现在眼前:高130英尺,宽100英尺,高耸的柱子,装点着比真人还大的塑像,整座建筑完全由坚固的岩石雕凿成形。这座建筑名叫卡兹尼,它最引人注目的特征是其色彩。由于整座建筑雕琢在沙石壁里,阳光照耀下粉色、红色、橘色以及深红色层次生动分明,衬着黄、白、紫三色条纹,沙石壁闪闪烁烁,无比神奇。

过了卡兹尼,西克峡豁然开阔,伸向约1英里宽的大峡谷。这峡谷中有一座隐没于此的城市:悬崖绝壁环抱,形成天然城墙;壁上两处断口,形成这狭窄山谷中进出谷区的天然通道。四周山壁上雕琢有更多的建筑物。有些简陋,还不及方形小室大,几乎仅能算洞穴;另一些大而精致——台梯、塑像、堂皇的入口、多层柱式前廊,所有这一切都雕筑在红色和粉色的岩壁中,这些建筑群是已消失的奈伯特民族的墓地和寺庙。

奈伯特人是阿拉伯游牧民族,约在公元前6世纪从阿拉伯半岛北移进入该地区(今约旦和南叙利亚境内)。在他们建造的众多安居地中,尤以首都佩特拉最为突出。佩特拉是一个非常特别的地方,第一,它易守难攻,唯一的入口是狭窄的山峡,敌方无法调集大军攻城,可以说是一夫当关,万夫莫开;第二,资源丰富,环抱城市的高地平原上森林繁茂,木材丰富,牧草茂盛,利于游牧;第三,水源充足,一股终年不断的喷泉提供了可靠的水源。

到了公元前4世纪,奈伯特人又充分利用了该地的另一地理特点,大获其利。佩特拉位于亚洲和阿拉伯去欧洲的主要商道附近,来自世界各地的商人们押运着满载货物的骆驼队经过佩特拉门前——阿拉伯的香、经波斯湾输入的印度香料、埃及的黄金以及中国的丝绸都要途经佩特拉,运往大马士革、泰尔以及加沙等地的市场。与此同时,佩特拉还是通往希腊和地中海各地的门户，接近商道线的奈伯特人得天独厚，赢利不少。他们有时也采取不法的海盗行径，但大多数时候是靠收取途经货物的税和过路费获利的。他们有时也为旅客、商队做向导，提供食物和水，进行有偿服务。

公元前3世纪，佩特拉成为了奈伯特人的首都，在岩石中开凿墓地成了一种风俗。有些考古学家认为，这种习惯可能起源于早期居住在那儿的当地人，后来又由奈伯特人继承和吸收了。虽然学者们对奈伯特人的宗教信仰一无所知，他们相信该民族可能把已故的国王们视为神灵，把他们的陵墓视为神庙。奈伯特人也建造其他庙宇，有的嵌凿在岩石中。不过其中最大的一座是建于公元前1世纪的独立式建筑，可能是用来供奉佩特拉主神都萨尔斯的，该神的象征是一块石头。

公元前2世纪，奈伯特达到了全盛时期。版图最大时，王国由大马士革一直延伸到红海地区。从某种程度上讲，它的影响已超越疆界、广泛传播且影响久远：奈伯特人的文字进化成了当代阿拉伯文字，在当今大部分阿拉伯世界中广泛使用。公元前80年至前65年，国王阿尔塔斯二世统治时期，奈伯特人铸造了自己的钱币，建造了希腊式的圆形剧场，佩特拉城斐声于古代世界。无论何地，甚至远至中国，只要有骆驼商队，只要有贸易团体，人们都听说过神话般的石头之城。

公元1世纪，罗马人控制了佩特拉周围的地区，106年，罗马人夺取了佩特拉，城市及周边地带成了罗马帝国的一个省，称作阿拉伯人佩特拉区。它是罗马帝国最繁荣的一个省，几年中创造的经济效益占罗马帝国总收入的1/4。

在罗马人统治下，佩特拉曾一度繁荣昌盛，罗马工程师们铺筑商道，改进灌溉设施。可是佩特拉的贸易——该城的经济支柱却开始发生变化：越来越多的货物依靠海上运输，地中海岸的一座名叫亚历山大的城市抢走了它的一部分生意;陆地运输也开始变化,罗马人在它北部兴建了一条大路,连通了叙利亚的大马士革与美索不达米亚(今天的伊拉克),掠走了更多的运输贸易。到了公元3世纪,佩特拉的经济实力和财富大大减弱。公元4世纪,佩特拉沦为拜占庭(或称东罗马帝国)的一部分。在这期间,它成为一座基督教城市,是拜占庭(或称东正教)大主教的居住地。公元7世纪,伊斯兰教在阿拉伯地区东山再起,迅速波及西亚和北非地带。伊斯兰帝国趋于强大,最终控制了从西班牙到阿富汗的广大地区,阿拉伯人佩特拉区又成了伊斯兰帝国的一个小省。此时的佩特拉几乎处于被遗弃的地步。

几个世纪后,为了争夺近东控制权,伊斯兰势力与欧洲基督教各国间战争不断。佩特拉这座石城在十字军东征期间再次兴旺起来。欧洲十字军在该地建立起短命王国,把佩特拉作为他们的一个要塞,一直坚守到1189年。如今,在曾经一度荣耀过的奈伯特人的佩特拉废墟中,城堡的残骸还依稀可见。公元12世纪后,佩特拉再次被遗弃。在贝克哈特来访之前,西方世界完全将它遗忘了。唯有贝督因人和放牧者们继续把那些墓地当作遮风避雨的场所。

在贝克哈特发现佩特拉城之后,欧洲冒险者们不畏艰辛,勇往直前,源源不断地踏上了去佩特拉的旅程。雁过留声,人过留名,探险家们在那里开创了在卡兹尼墙上留下姓名的传统。1830年,一位名叫利昂·德·拿波德的法国人出版了一本附有插图的佩特拉游记,展示了庄严堂皇的石雕墓地及神庙。1835年,一位年仅三十、博览群书的美国游客在巴黎偶然读到此书。这位名叫约翰·李约德·斯蒂芬斯的人突然产生了强烈愿望,要亲自去看看这消失了的佩特拉城。他首先去埃及,考察了拿克斯尔和其他一些法老时代的古迹;然后扮作商人模样,带着一个身着阿拉伯服装的意大利仆人,从开罗动身,前往佩特拉;为了贿赂

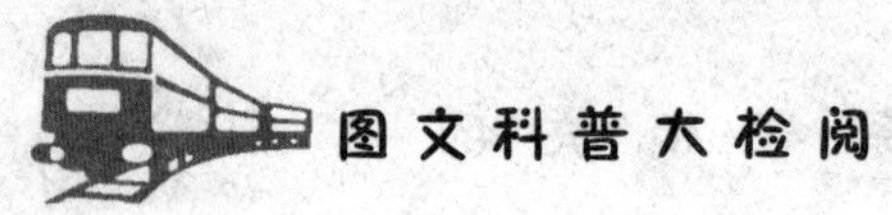

当地的贝督因酋长，以便为探险提供方便，他花了一笔钱。

正如贝克哈特一样，斯蒂芬斯被突然展现在眼前的卡兹尼美景所震惊。他称其为“一座神庙，精致清晰，宛如一颗嵌在岩石壁上的浮雕宝石”。在卡兹尼墙上的小小留名册上，他自豪地添上了“一个美国公民的名字”，接着又考察了墓地和纪念碑。不过如今，在他面前，有价值的东西早已被洗劫一空，到处都是牲口的粪便，牧人的烟火熏黑了这些建筑。

斯蒂芬斯独自坐在岩石雕凿而成的巨大圆形剧场里，举目眺望着峡谷，思绪万千，他力图要在游记中公正地评价石城的辉煌。他惊叹遗迹保存得如此完好，并在后来的书中写道：“整个剧场保存完好，假如墓中住户们有幸显灵重生，他们或许会在老位子上就坐。”

19世纪，好奇的游客继续踏上去佩特拉之路。由于当地政局骚乱动荡，加上贝督因人的反对，严肃持续的考古工作在该地受到阻碍。1914年至1918年，第一次世界大战的战火蔓延，燃及中东。英国士兵T. E. 劳伦斯(史称“阿拉伯的劳伦斯”)领导下的阿拉伯游击队经常藏身佩特拉，在古代奈伯特人雕琢出的500来个岩墙洞穴中暂时避难。

到了20世纪，佩特拉成为旅游胜地，同时也成了严肃的考古课题。自20世纪初以来，德国、英国、瑞士、美国以及约旦等国的考古学家们都一直在佩特拉考察发掘。他们的工作使人们进一步深刻地了解了佩特拉。对早期探索者，如贝克哈特和斯蒂芬斯而言，佩特拉之所以有趣是因为它与罗马之间的历史关系。可是，当代的历史学家们却意识到佩特拉本身就是一个重要的文明中心，奈伯特文明早在罗马帝国控制中东以前许多世纪就已形成。

首批当代考古队考察了佩特拉的石雕墓地和庙宇，研究者们确定佩特拉建筑融入了埃及、叙利亚、美索不达米亚、希腊以及罗马的建筑风格，展示出一个多国文化交流中心城市的风貌。

然而，近期的一些重要研究却越过著名的石雕纪念碑，去揭示这座古城的新面容。

过去多年的研究都把注意力聚集在那些墓地上，结果人们常把佩特拉当成是一个大墓地，一个亡灵之城。而今天的考古学则对佩特拉人的生活方式越来越感兴趣。考古研究者们正在追寻后来被罗马人重铺过的、过去的奈伯特商道的痕迹；他们正在发掘三个大市场：那里曾店铺林立，过往商队赶着骆驼和马队时常经过，车水马龙，好不繁华；他们也在研究由奈伯特人发展起来的蓄水设施。该设施包括一个岩石中开凿出来的大蓄水池(或称水库)和一条水渠；水池用来收集泉水和雨水，并通过水渠把水送给城中心的一个较小的水池，奈伯特人还从喷泉处直接安装了许多陶管，把水引向城市各地；佩特拉沦为罗马一个省后，精于建造水渠的罗马人又改进了奈伯特的供水设施。

近期的发现表明，奈伯特人不仅仅搞贸易，还制造并且出口精美的陶器。他们的泥器细薄精致，装饰着树枝树叶之类的自然图案。作为文化财富中心的佩特拉，吸引了来自奈伯特王国各地的学者和艺术家们。也许他们的精品还埋在佩特拉废墟之中，等待后人去发掘。

当今学者们估计：在全盛时期，佩特拉城居民多达3万，城市规模远比早期欧洲人估计的大得多；大多数建筑物并非都雕琢在岩壁上，而有些独立的建筑，随着年代的推移，逐渐沦为废墟，随后又被千年风沙所淹没。事实上，佩特拉城的大部分还有待发掘，众多的谜底还等待人们去揭示。1994年，一位在此地工作的考古学家说："大多数的城市建筑都埋在了自然沉积的沙中。这里风极大，我希望我们能发现1～2层高的保存完好的建筑。"

如今，学者们研究奈伯特文化的注意力转向了两个重要方面。一些研究者试图了解奈伯特人的宗教信仰，典礼仪式；另一些则在集中研究他们日常生活的细节:普通人怎样谋生,他们的家庭及其成员是什么样的。

我们对罗马时期之后的佩特拉生活一无所知,不过引人注目的近期发现却让我们对拜占庭时期的佩特拉城有了新的认识。地处约旦阿曼的美国东方问题研究中心(ACOR)的一位考古学家,他于1990年在佩特拉发掘出了始于公元6世纪的拜占庭教堂的部分墙壁和整个地板。地板由两块各72平方英尺大的镶嵌图案装饰而成;图案中描绘了长颈鹿、大象之类的动物,四季的象征,以及渔夫、吹笛者和赶骆驼的人,如今这些图案已经得到清理和修复。一套约40卷的羊皮纸卷是在教堂中的一个重要发现,科学家们估计它们有1400多年的历史,可追溯到晚期的罗马时代。虽然纸卷因火灾毁坏严重,字迹仍然依稀可读。学者们正在竭力解释这些像是用拜占庭希腊语写成的文字内容,而另一种手写体文字还有待考证。

考古学家们还竭力想解答一个最令人困惑的问题:佩特拉为什么被遗弃?即便它失去了对商道的控制权,仍然可以幸存下来,那么为什么它又没有幸存下来呢?

据分析,导致佩特拉城衰亡的可能是天灾。公元363年,一场地震重击了佩特拉城,震后,许多建筑沦为废墟,房屋的主人们无能力或者无心思将它们修复,“沿着柱廊街道看看那些商店你就明白了。店主们嫌麻烦,不愿打扫清理碎石,宁愿在震倒的建筑前重建房屋”。参加过发掘拜占庭教堂的ACOR组织成员日比纽·菲玛说,“这是城市财富与秩序开始衰退的迹象”。公元551年,佩特拉城再次遭受严重地震,也许那次地震震塌了拜占庭教堂;随后教堂又受到震后蔓延全城的大火袭击,羊皮纸卷也就在火灾中被毁坏了。

然而为什么许多城市都能在地震和火灾之后重建,而佩特拉却不能呢?1991年,一群亚利桑那的科学家们在《贝冢》一书中给了答案,他们研究过那些鼠、兔和啮齿类动物的贝冢或者说巢穴。这一类动物都惯于收集棍子、植物、骨头以及粪便一类的东西。动物的巢穴被它们的尿水浸透,尿中的化学物质硬化,便可形成一种胶状物质,防止穴中的东西腐烂。据发现,有的贝冢已有4万年之久,盛满了贝冢形成年代的植物和花粉的标本。每一个贝冢都犹如一个揭示历史的时间仓。

科学家们研究了大量的佩特拉贝冢,发现在早期的奈伯特人时代,橡树林和阿月浑子林遍布佩特拉四周的山地;然而到了罗马时代,大量的森林消失了。人们为了建房和获取燃料砍伐了大量的木材,致使林区衰变成为灌木林草坡带;到了公元900年,这种衰退进一步恶化,过分地放牧羊群使灌木林和草地也消失了,这个地区逐渐沦为沙漠。科学家们认为环境恶化是导致佩特拉衰亡的因素之一:当周围的环境再也无法为庞大的人口提供足够的食物和燃料时,城市就彻底消亡了。

佩特拉如同一本仅被读过几页的书,在发现拜占庭教堂之后不久,菲玛又留意到了一根拔地而起的花岗岩石柱。“约旦国境内没有花岗石,”他对来访者解释道,“肯定来自埃及。看着那根花岗石柱,我常常在想,地下面究竟埋藏着什么。一座皇宫?一座教堂?无论你走到佩特拉城的何处,你都会面对这样一些谜。”

大津巴布韦石头城的来历

“津巴布韦”，班图语意为“可敬的古屋”或“石屋”。大津巴布韦是非洲大陆东南端津巴布韦共和国200余处石头城遗址中最大的一个，可明显分为三个部分：

(1)在山谷开阔地上的大围场。它是一座椭圆形的城寨，依山傍崖而建。城墙周长2400米，高10米，底厚5米，顶厚2.5米。城区面积4600平方米。距大围场千米外的小石山是一座坚固的城堡。堡前只有两条羊肠小道通到山脚；堡后陡壁绝崖，野兽也爬不上来。城堡城墙仍旧用片石垒砌，高约7.5米，底厚6米多，坚不可摧。

(2)在大围场和城堡之间，找不到什么大型建筑物的遗址。但从出土文物可以判断，这是一个“平民区”。

(3)在高大的城墙顶上和城内建筑物的石柱上，往往装饰着矫健的“津巴布韦鸟”。大津巴布韦曾经繁荣兴旺过的说法似乎已成定论。但是，当时的人们为什么能掌握如此高超的建筑艺术？他们又是怎样懂得几何学、物理学等高深知识的？他们为什么要造古堡？诸多问题萦绕着人们。

很多人相信，大津巴布韦是示巴女王或所罗门王的金矿废墟，甚至有人认为它就是传说中所罗门王的藏宝地。在大津巴布韦的矿场废墟发现了许多黄金制品，这可能是为什么有人相信大津巴布韦是所罗门宝藏所在地的原因，但宝藏早已被洗劫一空。1867年，德国地质学家莫克声称大津巴布韦是示巴女王的王宫，但后来的考察证明它建于11世纪，而并非示巴女王生活的时代。

那么，是谁建造了石头城呢?

长期以来，西方学者不相信“黑暗大陆”能够创造这样璀璨的文明，抱着“外来人创立”的观点；或猜为公元前的腓尼基人，越过撒哈拉沙漠南下建立的；或认为是印度商人、古埃及人建立的；甚至臆想大石头城是《圣经》所讲的以色列国王居住过的地方。

如果是外来人建立的，为何迄今为止尚未发现史书有记载?

既然外来人能够建造一个大石头城，那么，其他200多个较小的石头城又是谁建造的?

今天，通过放射性碳14法测定发掘物，和一系列考古引证，有人认为，石头城是地道的“土产”，是非洲黑人自己的伟大创造。

事实上，现代考古学家们发现：大津巴布韦是一个强大非洲国家的中心，这个中心曾支配着津巴布韦高原一片富饶的丘陵地带，南边有林波波河，北边有赞比亚河；津巴布韦高原以西是一大片起伏的平原，这个平原越来越干旱，最后成了非洲西南部的卡拉哈里沙漠；津巴布韦高原向东，一片低洼的平原构成津巴布韦高原与印度洋的分界线。

早期的马绍那人发现津巴布韦高原是一个适宜人居住的地方。这里气候温和，雨量充沛，无边的草地提供了广阔的牧场。

高原人发展经济靠畜牧业，富裕程度的评估靠的是牲口的多少，牛羊成了交换日常用品的中间物。但除了以牲口多少论贫富之外，高原人也与外部世界进行其他物品的贸易。该地区盛产铜、铁、锡,还有黄金,而黄金很快成了这高原的主要出口物。到公元9世纪时,贸易已成体系。黄金从津巴布韦的东边流通到非洲和阿拉伯商人的手里,这些商人活跃在当今的肯尼亚到莫桑比克的非洲沿海港口,用黄金换回世界其他地区的产品,然后西运到非洲内地。在大津巴布韦,考古学家已经发现:东非基尔瓦港口的古币、中国的陶瓷器物、印度的珍珠、伊朗的地毯等很多古物。

黄金贸易给以放牧为生的津巴布韦高原人带来了财富,公元11世纪时,这种新的财源对马绍那经济产生了深刻影响,国王与贵族阶层逐渐出现。在横跨高原的马绍那居住区,这些上流社会的人采纳了在山顶建房的习俗,而地位较低的人则居住在较低的山坡上和低谷里。富裕的贵族也开始用石墙围绕自己的住宅区,这些围墙并不是用来保护贵族,使之不受到攻击的,而是用来标志贵族与普通百姓之间必然存在的差别。

建造围墙的石头处处可见,因为津巴布韦高原有许多裸露地面的花岗岩。马绍那人加工花岗石的工艺也非同一般,他们利用昼夜温差使花岗石自然地裂成薄片,马绍那石匠还知道在花岗石上生火,加快裂纹的生成,然后用冷水浸泼,岩石的薄片就很容易分开。他们也用楔子打进裂缝,使花岗岩成为石片。层层取下的石片又光又平。马绍那人发明了一种建筑艺术,这种艺术非常适合于使用这样的花岗石片。那就是:厚厚的墙,用一层一层的石片砌成,平展的石片间不需要用灰泥黏合就可以牢固异常。

大津巴布韦不是马绍那人在高原上的唯一住所,也不是最初的住所。现代考古学家已经发现了多达150处圆形石围场的遗迹,他们认为也许还有50处,但自20世纪初叶以来已被破坏了。其中一部分规模较小,可能容纳不了20个人;另一些则较大,而最大、最雄伟的则是大津巴布韦。

科研人员已经找到证据证明，在公元4世纪时，大津巴布韦曾经被短时间住过，可能是游牧民族或猎人们到过此地。据推测，此地第一次有长期居民的时间大概是公元10世纪或公元11世纪；大约在1250年，大津巴布韦向莫桑比克沿岸贸易港口源源不断地供应黄金，此时的大津巴布韦达到鼎盛；在后来的200年中，大津巴布韦在津巴布韦高原上占据着主要地位，今天仍然矗立的大型石艺建筑群就是那段时间修建的。

那么，石头城是如何毁灭的呢?

有人认为，15世纪末，莫诺莫塔帕王国的矿藏枯竭了，再加上牧场过量的放牧，农田肥力下降，生态恶化，工农业生产锐减，养活不了石头城那么多的居民。有一年大旱，野火烧毁了庄稼，生路断绝，人们不得不舍弃石头城向北迁。大津巴布韦石头城经不起几百年风雨的剥蚀，再加上19世纪西方强盗的掠夺，终于化为一片废墟。

空旷的石头城，埋藏着无尽的神秘。

土耳其地下城来历

土耳其横跨亚欧两大洲，是东西方交通的要道，古代著名的“丝绸之路”就通过这里。在安纳托利亚地区，尤其是卡巴杜西亚的格尔里默谷地，因地处火山活动地带，大量的火山灰堆积形成质地较软的凝灰岩。凝灰岩与一般的岩石不同，其硬度不高，稍微用力可挖成洞穴。

土耳其有其特殊的地理景观，其中之一就是洞穴特别多。有人说，那里是穴居者的天堂。传说在公元3～4世纪的时候，基督徒为了逃避阿拉伯人的胁迫，逃到这里营造了自己的避难所，从而创造了一种独特的地下文化。

1963年，在土耳其首都安卡拉东南300千米的卡巴杜西亚高原上的德林库尤村爆出一条大新闻：一个农民在院子里掘地时，偶然碰到一个洞口。村民们架着梯子顺着井口似的入口，通过8层过道，找到一个无所不包的地下城镇。通往地下城市的通道隐藏在村子各处的房屋下面。这些古城在地下层层叠叠、深达数十米，且纵横交错。据有关人员勘测，这些地下古城的年代远比基督教建筑要早得多，在历史上也没有任何记载。在地下古城中，整个地带布满了地道和房间，居室、礼堂、酿酒坊、牲畜圈、仓库等设施可谓应有尽有。在地下城中心还有通气孔与地面相连。而城市与城市之间则有隧道相通，就现在已勘测到的最长隧道达9000米长。

从现在的挖掘来看，地下城的规模相当大，有3.5万条小型通道，它的通风设施也很完备，纵横交错的隧道两旁排列着无数住宅，还有礼堂、作坊、水井、食物贮藏室以及专做墓地的洞室。52个通风管道通向地面隐蔽处，几条供逃跑用的地道造得非常巧妙。据勘测，从地面通风口算起,最深的地下通风井竟达86米深。在地下城内,人工开凿的石梯抬头可见,每层之间都以石梯相连。地下城的古代居民相互注意传递信息,墙上凿有通话孔。据估算,这个地下城可容纳20万人。

隔了两年,又一个同等规模的地下城在凯梅克里附近被挖掘出来。令人惊讶的是,这两座地下城是个双连体,有一条10千米长的地道把两城连接起来。

到目前为止,已发现地下城市不下36处。当然,有的只能算是地下村,它们小得只能容几户人家到几十户人家安身。地下城大多是超过13层的立体建筑。最大的就是那两座相通的具备城市规模的地下城。

地下城洞穴内部布置得相当讲究,以凯梅科里都市为例,它是一座7层的地下城,据证实当时住有15000人之多,有垂直通气孔,还有地下井、储藏室和酒窖,每间屋子都装着门,里面甚至还备有贮水的水缸。

如此庞大恢弘的地下城,是谁建造的呢?

有人认为,肯定不是土著人,而是从远地避难而来的人建造的。他们之所以选择卡巴杜西亚,是因为它荒凉,绝无人迹,不会引起外人注意。村民们最初是用石头砌房子,后来觉得用石头还不如直接凿房于岩内,并由地面逐渐延伸到地下,于是发展成了地下城。

那么,最早的居民是谁呢?这些地下城究竟是怎样凿成的?最早的居民从哪里来,又到哪里去了?这些至今仍是未解之谜。

土耳其从公元前起就是不同民族和文化的熔炉,在历史上曾先后被赫梯、高卢、希腊、马其顿、罗马、帕提亚和蒙古人入侵并统治,但这些地下城市的出现时间似乎比这更早,考古学家已经在最底下的一层中发现了闪米特时代的器物。闪米特是一个古老的神权民族,大约在公元前1000年曾在这里生活过,其都城哈图什离德林库尤大约有300千米。人们据此判断,这些地下城早在赫梯人以前的时代就已经存在了。

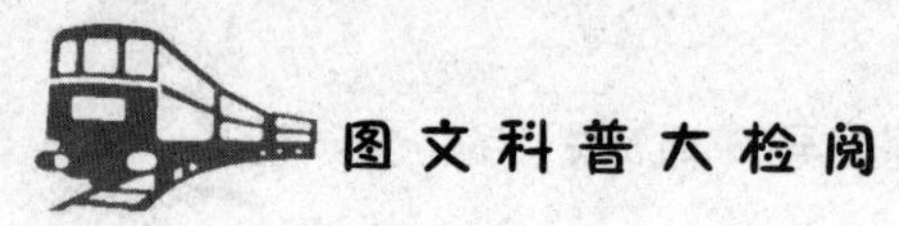

有人甚至认为它的建造可以追溯到新石器时代，因为人们早已在卡巴杜西亚西南发现了新石器时代用来制造石斧、石刀的黑曜石石场，而卡巴杜西亚不远处就有距今9000年前后的人类古城遗址。

据记载，自公元4世纪以来，当时的基督徒曾在此地挖掘栖身的洞穴、修道院和教堂。今天的卡巴杜西亚山岩下布满了古代的修道士们留下的大量宗教遗迹。

这么宏大的工程绝非一年半载就可完工，仅仅凿通城市与城市之间一条长9000米长的隧道，就要1000人连续工作10年以上。至于整个工程，不仅需要极大的劳动量和大量的工具，而且还需要精密的组织工作。如果说，新石器时代的人们仅凭原始的石刀、石斧、草绳等简陋工具要完成勘测、规划、设计、挖掘、运输、后勤等工作，那么其难度可想而知，更何况他们的工作好多是在地下和石头打交道，实在令人难以置信。

而在更早以前，在卡巴杜西亚已经发现过成千座岩洞教堂和地下教堂。它们凿在小岩石山内或悬崖上，有的相当富丽堂皇。岩石被巧妙地琢成拱门、圆柱、拱顶，每一英寸壁面和柱体都装饰着线纹和图案，这些壁画栩栩如生，甚至修道士们的斋堂、厨房、卧室里面的祭坛、餐桌、坐椅、床铺、家具也都是石头制品。

这些地下石头城是怎样凿成的?

在纯粹手工劳动的情况下，从坚硬的熔岩中掏出这么大的空间，单从地下清运出那么多的石渣，就要克服多少困难啊!也许是建设者的坚韧精神战胜了大自然，经过了几代人的努力才挖成的，或者是远古时代卡巴杜西亚大规模的火山喷发形成了隧道式的溶洞，在其基础上经过人工拓展而成的都市。

这么庞大的城市为什么要建造在地下?如果说是出于安全的考虑，既然城市的建造者们能够建造出容纳20万人居住的庞大城市，那么把它们建在地面同样可以起防御的作用，而工作量难度要远远小于建在地下的。如果说是为了隐蔽,那么他们在躲避什么呢?还有,如前所述,这里土地贫瘠、水源匮乏,生存条件之恶劣犹如月球的表面。那么,这座可供20万人居住的城市,需要多少粮食、水源及必需品,他们是靠什么去获取,又靠什么来维持生存呢?

有人认为,人们之所以要把自己隐藏起来,一个明显的原因是由于对敌人的恐惧。谁会是敌人呢?

首先,假设地面上的敌人拥有军队,他们肯定能看到用过的土地和空空如也的房屋。而地下城里建有厨房,炊烟将通过通气井冒出地面,也极易被发觉。人们不会不知道,把待在鼠洞般的地下城市里的人们饿死或者封死通气口憋死他们,都是轻而易举的事。据此有人认为,人们恐惧的不仅仅是地面上的敌人,他们在地下岩石中开凿避难之所,是因为他们害怕能飞行的敌人。

有些研究者注意到,在远古时代卡巴杜西亚一带可能发生过某种原因不明的大爆炸。这里古建筑的废墟与乱石都显示出剧烈爆炸后的痕迹。在地下城所发掘的古代文献中,也曾提到过“飞行的敌人”。这样看来,地下城也许是用来防备“飞行的敌人”用的。但是,这些“飞行的敌人”又是谁呢?

闪米特人在他们的圣书《科布拉·纳克斯特》中就描述过,所罗门大帝怎样利用一辆飞行器把这一地区搞得鸡犬不宁。不仅他本人,他的儿子,所有恭顺他的人,也都曾乘坐过飞行器。阿拉伯历史学家阿里·玛斯乌迪曾描述到所罗门的飞行并大致介绍了他的部族。当时的人类对于飞行现象产生恐惧,这是完全可以理解的。也许他们曾被剥削、奴役过,所以每当报警信号响起来的时候,人们就逃进地下城市。

人面狮身像的建造之谜

法国著名的古埃及学者玛斯佩罗,在他1900年出版的《遥远的帝国》中,特别研究了图特摩斯四世立的人面狮身像石碑,并写道:“人面狮身像石碑的第13行空栏中,冒出来一个卡夫拉王的徽纹记号……显示了卡夫拉曾经主持过一次清除人面狮身像沙土的复原工作。因此,我们可以推断,人面狮身像至少在胡夫王,或他以前的王朝所建,然后被埋在沙土中……”

另外一位著名的古埃及学者玛利艾特也同意这个说法。玛利艾特为最早发现“库存表石碑”(如前面所述,碑文中清楚地记载道,人面狮身像早在胡夫王以前,便存在于基沙高地)的探险家,他认为人面狮身像早已存在于基沙高地,并不令人感到意外。

但是从20世纪初到20世纪末的不到100年间,古埃及学家对人面狮身像的看法,有了极大的转变。现代的正统派古埃及学者中,没有一个再愿意认真地考虑、讨论人面狮身像的年代,而它在卡夫拉统治埃及的数千年前便已存在的说法,在19世纪末还被视为常识,但是到了今天,却成了大胆妄言。例如,埃及考古厅负责基沙及沙卡拉地区的扎希·哈瓦斯博士便认为,许多过去的理论都已“随风而逝”,因为“我们掌握了非常坚实的证据,可以证明人面狮身像其实是属于卡夫拉时代的产物”。

同样地,加利福尼亚大学伯克利分校的考古学家卡洛·雷蒙表示,人面狮身像的年代比卡夫拉久远的这种说法“简直令人无法置信”。她认为:“人面狮身像没有任何可能比卡夫拉久远,因为基沙地域在卡夫拉王统治前的几千年,不但没有那种工艺水准,更没有必备的管理组织,和建造起那种规模的建筑物时所需要的意志力。”

但是在仔细研究后可发现，现代学者其实只有三个间接的理由，支持人面狮身像是由卡夫拉王所建的说法：

理由一：因为图特摩斯四世所建的人面狮身像的石碑，第13行的空栏中，冒出卡夫拉王的徽纹记号。

玛斯佩罗对卡夫拉王的徽纹记号提出了一个完美的解释：图特摩斯四世将人面狮身像复原后，便立了一个石碑，以对曾做过同样行动的先人表示敬意，而他表示敬意的对象，就是第四王朝的卡夫拉王。这个解释强烈暗示人面狮身像在卡夫拉时代即已非常古老。然而，现代的古埃及学者并不接受这种说法。现代的古埃及学者似乎头脑都一样地食古不化，众口一词地认定，图特摩斯四世在石碑上放上的那个徽纹记号，是为了要纪念原始人面狮身像的建造者(而非复原者)。

由于石碑上残留下来的只有那个唯一的徽纹记号，其他前后文均已消失，学者竟然能够如此铁口直断，一口认定人面狮身像非为第四王朝时代的作品不可，这种结论难道不会太不成熟吗？只因为一个第四王朝法老的徽纹(石碑本身还是第十八王朝的法老王所建的)，便认定整个雕刻为当时的作品，这算是哪一门子的“科学”？而且时至今日，连那个徽纹都已开始剥落模糊……

理由二：因为邻近的河岸神殿，也是卡夫拉王所建的。

这种说法的证据相当薄弱(因为河岸神殿为卡夫拉王所建的说法，建立在神殿中有卡夫拉王的雕像之上。然而，雕像很可能是后来的人将它放进去，而非原始便在那儿的)。但是，古埃及学者却对这种说法拥护有加。他们不但认定河岸神殿是卡夫拉王所建，顺便也把人面狮身像的建造，算在卡夫拉的头上(因为两者之间显然有一些关联)。

理由三：因为很多人认为，人面狮身像的面相与河岸神殿的洞穴中发现的卡夫拉王雕像非常相似。

这显然是个人见解的问题。而纽约警察局专门制作蒙太奇相片的专家,最近用电脑进行比较后,也认为两者并无相似之处。也许最终“学术判决”还没有出来,“陪审团”至今还在思考,谁才是这个巨大雕刻的建造者。会是卡夫拉王吗?还是史前一些拥有高度文明,却尚不为人知的建筑学家们?不论学者们决定他们比较喜欢哪一种说法,两者都仍有可能。在缺乏完整的、坚实的、毫无质疑余地的证据下,没有人知道真实是属于哪一边。

浸水之谜

远古的石像是否曾被特大的洪水浸没过，这是揭示石像产生的重要依据。

这场争论的起源可以追溯到20世纪70年代。当时，美国一位独立从事研究工作的学者约翰·安东尼·韦斯特，正在着手研究杰出的法国数学家、象征主义者施瓦勒·德拉布里奇晦涩难懂的作品。施瓦勒以其对鲁尔苏尔庙的论著而著称。他在1961年发表的《神圣科学》一文中评论说，考古学发现暗示我们："12000年以前很少有困扰着埃及的气候和洪水。"他写道：

在洗劫埃及大地的一次次特大洪水来临之前，一定有一段规模庞大的历史文明期。这一推测使我们确信，人面狮身像在那段文明时期就已经存在了。这尊矗立在基沙西部高崖上的雕像，除头部之外，整个狮身都呈现出无可争辩的水浸迹象。

施瓦勒简单明了的结论以前并未引起任何人的注意。这一结论明显抨击了埃及学领域广泛认为人面狮身像是由卡夫拉在公元前2500年建造的这一观点。韦斯特在读到施瓦勒的这段话之后便认识到施瓦勒从地质学角度提供了一条探索的途径。从这条途径出发就可以"真正地证实，早在古埃及王朝文明以及其他所有已知的人类文明的数千年以前，可能已经存在过另一个文明期，或许其规模比后来的都大"。韦斯特说：要是能证实人面狮身像受过水浸这一点，便会推翻所有世人已接受的人类文明编年史，也会迫使我们对支撑整个现代教育的"历史过程"的种种假设重新定论，并迫使我们去面对由此而引起的激烈争论。然而，从石刻古迹上很难发现问题，就算是很简单的问题……

韦斯特对从考古学角度得出的结论的理解是正确的。如果人面狮身像表面的一切变化部位能证明是水浸的结果，而不是像埃及学家们一直认为的是风沙吹蚀的结果，那么，已经建立起来的编年史就要面临被推翻的危险。要理解这种推断，只要牢记下面这两点就够了：首先要记住，远古埃及的气候并非像今天这样始终都异常干燥；另外一点就是，比起莱纳和其他一些人认定的人面狮身像“背景建筑群”的理论，韦斯特和施瓦勒提出的人面狮身像侵蚀模式更加完善优秀。韦斯特和施瓦勒提出的人面狮身像的这个变化特征，是基沙遗址的某些古迹所不具备的。这种变化特征的提示清楚地告诉我们，只有部分建筑是在同一时期建成的。

但这是哪一个时期呢?

韦斯特最初认为：

“理论上不排除人面狮身像受过侵蚀的可能。因为大家早就一致认为，过去埃及曾多次受到海水和尼罗河特大洪水的困扰。就在不那么遥远的古代还出现过一次这样的洪灾，人们认为这是最近一次冰季冰川融化而造成的。一般人认为，最后一次冰季的时间是在公元前10500年前后，而尼罗河周期性的大洪水就发生在这之后。在公元前10000年前后发生的那次大洪水是最后一次。因此可以推断，如果人面狮身像受过水浸，那它一定是在洪水发生之前建成的……”

从“理论上”看，韦斯特的这种推断确实站得住脚。可是，正如韦斯特后来所承认的，实际上人面狮身像所受到的不同一般的腐蚀作用并非是“洪水”引起的。他后来认为：

“问题是人面狮身像的脖颈以下已经腐蚀得很厉害。如果这种腐蚀是由水引起的，那就是说，在整个尼罗河流域至少有60英尺深的洪水。很难想象发生这样大的洪水会是什么样的景象。这种假设如果成立则更糟,因为人面狮身像堤道的另一端,即所谓的丧葬庙里面的石灰质岩心石,也已经受到侵蚀。这就是说,洪水已爬到金字塔的底座,也就是,有160英尺高的洪水……”

埃及政府采纳了西方一些埃及学家的建议,自1993年开始禁止在人面狮身像周围一带进行任何地质学或地震学研究工作。这项决定实在不可思议,因为斯科克的研究结果已产生了重大影响。

更不可思议的是,斯科克独创论点尚未遇到有凭有据的公开挑战。这位波士顿地质学家几年来顶住了来自同行的一次又一次的抨击,多次成功地捍卫了自己的论点。斯科克坚持认为,人面狮身像表面以及壕坑内壁独特的侵蚀模式(人面狮身像壕坑内壁布满了很深的竖直裂缝和高高低低的平的坑凹),成了“石灰质古迹在历经数千年雨水之后会受到何等侵蚀程度的一个有教育意义的典型例证……”。斯科克进一步说,如果用我们已经了解的基沙一带的古代气候背景去分析雨水侵蚀的观点,那就可以充分证明“伟大的人面狮身像的历史要比传统认为的公元前2500年早得多……我只是跟着科学在走,科学告诉我这一结论:人面狮身像的历史比以前认为的要早得多”。

斯科克自然尚未证明人面狮身像属于公元前7000年~公元前5000年,韦斯特尚未证明他认为的更早的历史时期,传统埃及学也尚未证明人面狮身像到底是否属于卡夫拉王朝和公元前2500年的那个时代。

换句话说,目前尚无可能用任何合乎情理的标准来给这一独特古迹的确切归属和历史下最后的定论。人面狮身像之谜仍未解开。

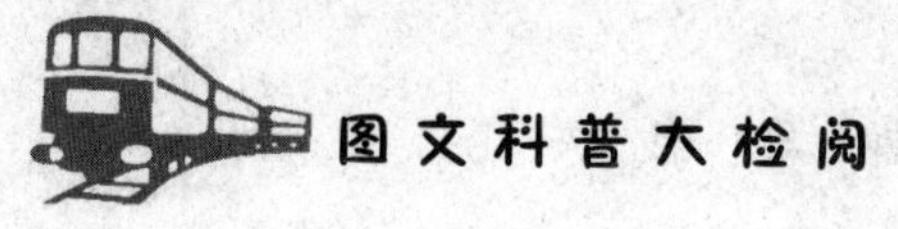

美索不达米亚文明之谜

约公元前4000年在希腊语称之为“美索不达米亚”的地方，即底格里斯河和幼发拉底河之间的地区，已经产生了文明。大约公元前3000年，两河之南的苏美尔人已经建立了数以万计的城邦，这是迄今知道的人类最早的文明。

古代两河流域文明曾被人遗忘，直至19世纪的考古发掘才为世人所重知。19世纪德国哥丁根大学希腊文教授格劳特芬德，花费许多年读懂了波斯石刻上的40个楔形文字中的8个字，并运用这8个字读出了石刻上3个国王的姓名。1835年英国人亨利·罗林生以同样的方法，释读了那8个字，此后，又释读了贝希斯敦石崖上的碑文。1848年至1879年，欧洲人在原亚述首都尼尼微进行了一次重大的发掘，挖掘出了2万多片刻有楔形文字的泥版和各种文物5万多件。这些重大发现为进一步了解古代两河流域的文明奠定了基础。

根据考古资料推断，古代两河流域的文字体系源于苏美尔。约公元前4000年后期，苏美尔人创造了图画式文字。但是，这种文字有它的局限性，只能表达某种具体事物，无法表示抽象的概念。公元前3000年，这种文字发展成为楔形文字。因为苏美尔人通常用平头的芦秆在未干的软泥版上印刻出字迹，所以它的笔道非常自然地都呈楔形。最初，苏美尔人把楔形文字刻成直行，自左上方下行。后来为书写得更清晰和避免已写出的文字受损，书写的方式改为每行由左至右，各行自上而下。

楔形文字是由一个音节符号和音素符号组成的集合体，总计约350个。它的结构相当复杂，在阿卡德时代应用的领域日渐拓宽。巴比伦和亚述帝国兴起后，楔形文字不仅是实体事物的记录，也发展成为供宗教、历史、文学、法律等方面使用的文字。它对周围地区的影响很大，埃兰人、赫梯人、胡里特人、米坦尼人先后采用楔形文字表达自己的语言。

两河流域很早就有了文学作品，在苏美尔时期，文学作品以诗作为多。作品的主题大多是礼赞神祇、英雄和君王，具有宗教和神话的性质。例如，苏美尔人有一则关于洪水的神话传说，后来被犹太人吸收编造了洪水和诺亚方舟的故事，再现在《圣经·旧约全书》的《创世纪》中，后经基督教的宣传，诺亚方舟的故事广为流传。

在巴比伦时代，大部分文学作品采用阿卡德语，但作品的形式与内容、主题与情节和风格仍是苏美尔时代的，无非已经过加工雕琢，增加了新的风采。

在这一时期也有一些反映阶级矛盾、寓意深刻的佳作，如《主人与奴隶的对话》描写了主人和奴隶就12个问题进行的简短对话，揭示了在奴隶制度下奴隶无法生存的哲理。

自然科学在古代两河流域已有发展，早在苏美尔·阿卡德时代，天文学就已产生了。苏美尔人在观察月亮运行规律的基础上编制了太阴历。他们把两次新月出现的期间作为一个月，每月包括29天或30天。又根据月的圆缺和季节变化，分一年为12个月，6个月为29天，6个月为30天，每年354天。它比太阳年(365日5时48分46秒)短11天多的时间，为此设置闰月加以调整。古巴比伦时期，人们已能将肉眼看到的星体绘成星图，能够把恒星和五大行星区别开来，还观测出太阳在恒星背景上的运动轨道——黄道。以后，巴比伦人又区分出黄道上的12个星座，绘出黄道12宫的图形。新巴比伦时代，人们能够预测日食、月食和行星的会冲现象。同时，人们又以7天为一周，分别以日、月、火、水、木、金、土七个星的名字作为星期日至星期六的名称。置闰的方法也在进

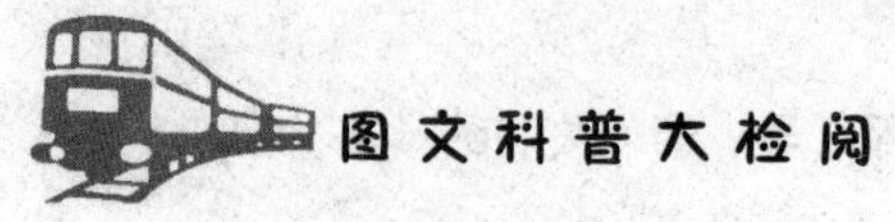

步,至公元前6世纪后期,巴比伦人已先后有了8年3闰和27年10闰的规定。然而,两河流域的天文知识是与占星术紧密相连的,带有许多迷信的成分。

在苏美尔时代,人们对1至5的数字已有了专门的称谓,对"10"这个数也有了特别的符号。在巴比伦时代已兼用10进位和60进位,并把60进位法用于计算周天的度数和计时,如周天的度数为360,1小时为60分,1分为60秒等。古巴比伦人已经掌握四则运算、平方、立方和求平方根、立方根的法则,还会解三个未知数的方程式。他们得出的圆周率常数为3,与今天使用的圆周率非常接近。总之,两河流域在天文、历法和数学方面的成就不仅对当时各国产生了影响,而且也对希腊、罗马发生了影响。以7天为一周,分圆周为360度等,直到现在仍在沿用。

在建筑艺术方面,约公元前4000年,苏美尔地区就存在多级寺塔的建筑。由于两河流域石材匮乏,这种寺塔都用生砖(土坯)筑成,下面的几级都没有内室,实际上是一层层台基,只有最上一层才有一个小神庙。这时已经存在砖砌的拱门和圆柱。苏美尔·阿卡德国家形成以后,又有了王宫建筑。苏美尔人发明的拱门、拱顶和穹隆结构经常用于陵墓和房舍建筑,这极大地影响了两河流域地区的建筑。

亚述帝国时期出现了大规模的王宫建筑,王宫建筑在高大的台基上,有许多宫室和附属建筑。王宫大门两边墙上有一些人面兽身的浮雕,门口还有一对3米或4米高的人头、狮身、鹫翼、牛脚的雕像。王宫墙壁上装饰着许多浮雕,一般都表现国王出征、狩猎和宫廷生活的题材。亚述人喜欢塑造临危不惧、冷静果敢的猎手,陷入绝境而凶相毕露的狮子,身受重伤犹垂死挣扎的野兽。这些浮雕中的人物一般表现得比较呆板,而动物则刻画得生动逼真。新巴比伦时期,城郭和王宫修筑得更加壮丽。主要城门两边和王宫墙壁上都用彩色琉璃砖镶出种种动物的图案。这一时期最有名的建筑是王宫里的“空中花园”，它实际上是一座土台，最高处达25米。由于两河流域的建筑系用砖、土为材料，所以不能像埃及的金字塔和神庙那样坚固耐久，长久遗存。